Halka Breyhan

Malen, Formen und Gestalten

Konzepte frühester ästhetischer Bildung

1. Auflage

Bestellnummer 50290

Bildungsverlag EINS

Haben Sie Anregungen oder Kritikpunkte zu diesem Produkt?
Dann senden Sie eine E-Mail an 50290@bv-1.de
Autoren und Verlag freuen sich auf Ihre Rückmeldung.

Bildquellenverzeichnis:
akg-images: S. 127, 130 (unten); akg-images/Erich Lessing: S. 130 (oben); © Fotolia.com: Umschlagfoto (moodboard); Halka Breyhan: S. 7, 8, 10, 11, 12, 13, 14, 15, 16, 17, 18, 19, 21, 22, 24, 25, 27, 28, 29, 30, 31, 32, 33, 34, 36, 37, 38, 39, 40, 41, 42, 43, 44, 46, 47, 48, 49, 51, 52, 55, 56, 57, 59, 60, 61, 62, 63, 65, 66, 68, 69, 70, 71, 72, 73, 74, 75, 76, 77, 78, 79, 80, 81, 82, 83, 84, 85, 86, 88, 90, 91, 92, 94, 95, 96, 97, 98, 99, 100, 101, 102, 103, 104, 105, 106, 107, 108, 110, 111, 112, 113, 114, 115, 121

Zeichnungen:
Halka Breyhan: S. 26, 122, 123, 124, 125, 131, 132, 133, 134, 135, 136, 137, 139

Sie finden uns im Internet unter:
www.bildungsverlag1.de
www.bildung-von-anfang-an.de

Bildungsverlag EINS GmbH
Sieglarer Straße 2, 53842 Troisdorf

ISBN 978-3-427-**50290**-6

© Copyright 2009: Bildungsverlag EINS GmbH, Troisdorf
Das Werk und seine Teile sind urheberrechtlich geschützt. Jede Nutzung in anderen als den gesetzlich zugelassenen Fällen bedarf der vorherigen schriftlichen Einwilligung des Verlages. Hinweis zu § 52 a UrhG: Weder das Werk noch seine Teile dürfen ohne eine solche Einwilligung eingescannt und in ein Netzwerk eingestellt werden. Dies gilt auch für Intranets von Schulen und sonstigen Bildungseinrichtungen.

Inhaltsverzeichnis

Die Grundgedanken — 5

1 Die pädagogische Aufgabe — 7
1.1 Die Idee: Ästhetisches Lernen ist im Alltag eingebunden — 8
1.1.1 „Ganzheitliche Frühförderung kultureller Intelligenz" — 8
1.1.2 Der bildnerische Ausdruck — 8
1.1.3 Schaffensprozesse unterstützen — 9
1.2 Freiräume für kreatives Gestalten schaffen — 12
1.2.1 Helfen, Ideen und Themen schöpferisch umzusetzen — 12
1.2.2 Vorstellungsvermögen erweitern — 13
1.2.3 Kreative Ausdrucksmöglichkeiten verfeinern — 15
1.3 Den Erwerb von Bildkompetenz fördern — 16
1.3.1 Symbole und Zeichen erkennen — 16
1.3.2 Wahrnehmung differenzieren und das Erkannte ästhetisch umsetzen — 17
1.3.3 Dokumentieren und Präsentieren — 18

2 Die gestalterische Aufgabe — 21
2.1 Herstellung eigener Kunstmaterialien — 22
2.1.1 Sammeln kostenloser Materialien — 22
2.1.2 Eine eigene Leinwand aufziehen — 23
2.1.3 Staffelei selbst bauen — 25
2.1.4 Farben anrühren und herstellen — 26
2.1.5 Fertige Schablonen suchen — 28
2.1.6 Eigene Schablonen entwerfen — 29
2.2 Verschiedene Maltechniken — 30
2.2.1 Malen mit Fingerfarben — 31
2.2.2 Abklatschtechnik: den Zufall zulassen — 32
2.2.3 Frottage: als Detektive unterwegs — 33
2.2.4 Reißbilder/Mosaikbilder — 35
2.2.5 Malen mit Sand — 36
2.2.6 Malen auf Leinwand — 37
2.2.7 Bilder mit Wachs anfertigen — 39
2.3 Malen nach verschiedenen Thematiken — 41
2.3.1 Die vier Elemente einbringen: Feuer, Wasser, Erde, Luft — 41
2.3.2 Gefühle gestalterisch umsetzen — 45
2.3.3 Gemeinsame Erlebnisse bildnerisch umsetzen — 47
2.3.4 Träume ins Bild bringen — 50
2.4 Farbenlehre: eine Einführung — 52
2.4.1 Farbkreise kennenlernen — 53
2.4.2 Die gegenteilige Farbe herausfinden — 54
2.4.3 Die Grundfarben Rot, Gelb, Blau gezielt einsetzen — 55
2.4.4 Mit Kontrasten Spielen: die Unbuntfarben Schwarz, Weiß und Grau — 57

2.4.5	Farben mischen	58
2.4.6	Farbbilder entstehen lassen	61
2.5	Zeichnen	62
2.5.1	Verschiedene Zeichenmaterialien ausprobieren	62
2.5.2	Experimentieren: Kritzeln, Stricheln, Pünkteln und Schwungübungen	64
2.5.3	Selbstbildnisse anfertigen	67
2.5.4	Konzentration gewinnen: Mandalas	69
2.6	Drucktechniken	72
2.6.1	Hände und Füße einsetzen	72
2.6.2	Aus Gemüsestängeln Stempel herstellen	73
2.6.3	Monotypien durchführen	75
2.6.4	Styroporpapier als Druckstock verwenden	77
2.6.5	Mit verschiedenen Materialien drucken	79
2.7	Rezeption: an Künstler heranführen	80
2.7.1	Auf den Spuren großer Künstler	81
2.7.2	Puzzle anfertigen	84
2.7.3	Stillleben aufbauen	85
2.7.4	Landschaften malen	87
2.8	Vermittlung: Museumsbesuche lebendig gestalten	89
2.8.1	Skulpturen nachstellen	92
2.8.2	Gemälde betrachten	94
2.8.3	Installationen erleben	95
2.8.4	Naturwissenschaften und Kunst verbinden	98
2.9	Modellieren	101
2.9.1	Knete	101
2.9.2	Ton	102
2.9.3	Lehm	105
2.9.4	Lebensmittel: Brotteig	109
2.9.5	Pappmaschee	110
2.9.6	Gipsbilder	112
3	**Literatur**	**117**
4	**Anhang**	**121**
4.1	Kopiervorlage „Anziehpuppe Mädchen"	122
4.2	Kopiervorlage „Anziehpuppe Junge"	123
4.3	Kopiervorlage „Kleidung für die Anziehpuppen"	124
4.4	Antikes Mosaikbild	126
4.5	Der Farbkreis nach Johannes Itten (1888–1967)	127
4.6	Kopiervorlage „Farbpalette für eigene Mischergebnisse"	128
4.7	Radierung und Gemälde von Albrecht Dürer (1471–1528)	129
4.8	Arbeitsaufträge für die Kinder	130

Die Grundgedanken

Künstlerisch-kreativer Grundgedanke
Im vorliegenden Handbuch sind Konzepte ästhetischer Früherziehung interdisziplinär angelegt: Wird ein Sinn geschult, werden unbewusst parallel die anderen Sinne miteinbezogen. So z.B. bei der Beschäftigung mit Farben: Sie können optisch aufgenommen werden, sie können gestalterisch umgesetzt werden, sie können aber auch selbst hergestellt, gemischt, in der Natur gesucht werden. Assoziationen zu Farben drücken sich in Wort, Musik und Tanz aus. Riechen, hören oder schmecken wir Farben auch? Verbinden wir mit ihnen bestimmte Formen? An konkreten Beispielen aus der Kunstgeschichte oder mithilfe ausgesuchter Aktivitäten werden den Kindern auf unterschiedlichste Weise Zugänge zur Beschäftigung mit Farben, Formen, Materialien, Techniken und Themen vorgestellt.

Pädagogischer Grundgedanke
Kinder werden gefördert, motiviert und dazu angeregt, sich selbstständig auszudrücken und mit verschiedenen Materialien zu experimentieren.

Sie werden in ihrer individuellen Entwicklung gefordert und gestärkt, ihren eigenen, individuellen Ausdruck zu finden und zu verfolgen. Für die Erzieher/-innen bedeutet das, nicht Rezepte und Schablonen zu vermitteln, sondern durch die im Folgenden beschriebenen Aktivitäten die freie Entfaltung des kindlichen künstlerischen Potenzials zu fördern und zu unterstützen. In diesem Kunstbuch ist das Angebot an Praxishilfen und Anregungen in anschaulicher Weise breit gefächert, sodass es den Erzieherinnen und Erziehern eine Auswahl an Themen und Techniken anbietet, die ihnen persönlich zusagen; denn nicht jedes Haus bietet die gleichen Möglichkeiten und nicht jeder Erzieher/jede Erzieherin bringt die gleiche Neigung mit. Dabei werden unterschiedliche Zielgruppen und altersgerechte Angebote berücksichtigt. Ziel der ästhetischen Experimente und Aktivitäten ist die differenzierte Umsetzung verschiedener Fertigkeiten unter Einschluss aller Sinne.

Danksagung
Für ihre große Unterstützung in meinem Buchprojekt möchte ich ganz besonders Jonas Goumairi und Dr. Christine Breyhan danken, sowie Leslie Wegers und ihrer Phantasiewerkstatt, den Kindern des Montessorikindergartens Bremen/Steintor und ihrer Kunstpädagogin Ellen Scheurer, den Kindern des Kinderhauses Sielwall, Bremen, und Maite Belloqui, den Kindern der Kita Abraxas, Hamburg, und ihrer Leiterin und Atelierpädagogin Silja Breckwoldt, sowie den Kindern Fine Ipsen und Lilli Röckert. Einen besonderen Dank an das Neue Museum Weserburg Bremen und dessen Museumsdirektor Carsten Ahrens sowie der Stiftung Ludwig-Roselius.

1
Die pädagogische Aufgabe

1.1 Die Idee: Ästhetisches Lernen ist im Alltag eingebunden

1.1.1 „Ganzheitliche Frühförderung kultureller Intelligenz"

Kreativ sein bedeutet ...

Als Merkmale von Kreativität werden u. a. angesehen: Freude an unkonventionellen Einfällen, offene Systeme mit einer Vielzahl an Resultaten, experimentelle Fragestellungen, ein bestimmter Aufmerksamkeits- und Gefühlszustand, planendes Ausarbeiten von Ideen sowie generelle Offenheit für Problemlösungen.

Ästhetische Bildung ist wie auch Bildung im Allgemeinen als Prozess zu verstehen, das bedeutet ganzheitliches Lernen und kontinuierliche Erweiterung des Wissens in der alltäglichen Auseinandersetzung mit der Umwelt.

Experimentelles Gestalten

Schon früh gestalten Kinder bildnerisch, wie sie die Welt um sich herum erleben. Durch Aufgaben und Übungen können ihre kreativen Anlagen angeregt und weiterentwickelt werden. Durch die Anleitung der Erzieher/-innen führen die Kinder Experimente und Versuche durch, bei denen sie nicht nur malen oder zeichnen, sondern bei denen alle Sinne miteinbezogen sind. Mit verschiedenen Techniken werden die Kinder an künstlerische Inhalte und gestalterische Aktivitäten herangeführt und unterstützt. Unter Aufsicht der Erzieher/-innen können sie die vermittelten Techniken, um Materialien und Vorgehensweisen zu untersuchen, leicht selbst entwickeln, da das Experimentieren mit den Sinnen elementar für ihr Spielen überhaupt ist.

1.1.2 Der bildnerische Ausdruck

Vorgaben engen ein

An Bildern von Kindern ist ihre Auseinandersetzung mit der Umwelt abzulesen; im bildnerischen Gestalten entwickeln sie ihre eigenen Zeichen, in denen sich ein selbst ausgebildeter Sinn zeigt.

Wird das kindliche Malen jedoch zu sehr durch Korrekturen, gestalterische Hilfestellungen oder gar restriktive Vorgaben beherrscht, schränkt diese – sicherlich „gut gemeinte" – Förderung ein. Die Fähigkeiten, Vorstellungen selbstständig umzusetzen, kommen zu kurz und nehmen eher ab, als dass sie sich weiterentwickeln. Malbücher zum Ausmalen, Schablonen, das Vormalen oder gar Hineinmalen durch Erwachsene stören und hemmen Kinder in ihrer Entwicklung, frei nach eigener Vorstellung Zeichen zu erfinden und sich auszuprobieren. Eine Herangehensweise, die gestalterische Techniken vermittelt, zum Experimentieren anregt und die Kinder als „Forscher" begreift, fördert deren Feinmotorik, visuelle Umsetzung, Expressivität und Bildkompetenz. Dabei entwickeln sich soziale Kompetenz, Selbstverständnis und Selbstvertrauen.

Abb. 1: Diese Kohlezeichnung von Joana, 5 Jahre alt, zeigt ein Auto mit vielen Details: es ist gleichzeitig von außen als auch von innen zu sehen. Steuerrad und Sitze sind deutlich

Fantasie ist wichtiger als Wissen, denn Wissen ist begrenzt.
Albert Einstein, Physiker und Mathematiker (1879–1955)

Die Kinder fühlen sich in ihrer individuellen Ausdrucksweise bestätigt und durch die Unterstützung der Erzieher/-innen in ihren „technischen" Schwierigkeiten ernst genommen. Die Freude am Gestalten bleibt erhalten; indem keine festen Modelle angeboten werden, werden Klischees vermieden und die eigenständig entwickelten Zeichen zunehmend differenzierter. Beobachtungsgabe und Ausdrucksfähigkeit entwickeln sich auf diese Weise auch sprachlich weiter. Gezielte Hilfestellungen der Erzieher/-innen sind hier nicht einschränkend zu verstehen, sondern motivieren zum „forschenden Lernen".

Hilfreiche Fragen zur „individuellen Unterstützung des kreativen Ausdrucks"
In welcher Entwicklungsphase befindet sich das Kind gerade?
Welche Bedürfnisse und Interessenschwerpunkte bestehen?
Wie können diese künstlerisch umgesetzt werden?
Welche Techniken und Materialien sprechen das Kind besonders an?
An welchen Stellen kann ich das Kind besonders stützen?
An welchem Punkt entstehen Hemmnisse und Blockaden?

1.1.3 Schaffensprozesse unterstützen

Bei den in Kapitel 2 beschriebenen ästhetischen „Übungen" werden Tätigkeiten und Materialien aus der Alltagswelt der Kinder miteinbezogen. Die Kinder werden spielerisch mit Aufgaben vertraut gemacht, die sie täglich ohnehin selbstständig im Spiel durchleben. Die Auswahl von Materialien, die sich leicht im Alltag sammeln lassen (zu Hause, während eines Spaziergangs, im Kindergarten, bei einem Ausflug), unterstreicht den unmittelbaren Bezug der kreativen Aktivitäten zu ihrer eigenen Umwelt.

Bei der gestalterischen Umsetzung bedarf es jedoch auch der Unterstützung durch Erwachsene, z.B. im Umgang mit Materialien und Werkzeugen. Im Folgenden gibt es zu den einzelnen Punkten zahlreiche Tipps und Hinweise für die Erzieher sowie einen Überblick über die benötigten Materialien. Tatkräftige Unterstützung ist vornehmlich dort notwendig, wo die Kinder um diese bitten. Hinzu kommt die Vermittlung des Aufbaus einzelner Schritte bei umfangreicheren Aktivitäten.

Ideenfindung bezogen auf:
Themen
Jahreszeiten
Feste
Techniken
Farben
Materialien
Künstler
Museumsbesuche
Ausflüge

> *Wir alle wissen, dass Kunst nicht die Wahrheit ist. Kunst ist eine Lüge, die uns die Wahrheit begreifen lehrt, wenigstens die Wahrheit, die wir als Menschen begreifen können.*
> Pablo Picasso, Maler und Bildhauer (1881–1973), 1923

Durch die tägliche Beobachtung malender, gestaltender und experimentierender Kinder ist für die Erzieher/-innen ersichtlich, wie viel Freude, Mühe und Interesse in den Ergebnissen der Kinder stecken. Es ist erkennbar, dass der *Prozess des Gestaltens* für die Kinder meistens wichtiger ist als ihre fertiggestellten Werke. Gestalten und Experimentieren sind sinnliche und intellektuelle Erfahrungen, die von Kindern auch als solche intensiv empfunden werden. Insofern ist sowohl die Dokumentation der bildnerischen Gestaltung als auch schließlich die Präsentation des Schaffensprozesses – auch als Vermittlung an Außenstehende wie Eltern, Verwandte und Freunde – von großer Bedeutung für die Kinder. Sie bezeugen die Intensität und Ausdauer, mit der sich die Kinder mit ihren Werken beschäftigen. Eltern, die zum Teil nichts mit den „Kritzeleien" ihrer Kinder anfangen können, erhalten so die Möglichkeit, den Entwicklungsprozess, die Lernfortschritte und Erfahrungen innerhalb des künstlerischen Prozesses nachzuvollziehen. Es erfüllt die Kinder mit Stolz, wenn die Besucher ihrer Ausstellung bestaunen, was sie geschaffen haben.

Entstehungsprozesse sichtbar machen

Raum und Zeit schaffen

Viele Kinder malen von sich aus spontan und gern: Sie setzen sich an einen beliebigen Tisch oder auf den Boden und legen los. Für eine intensive, experimentelle und auch gemeinsame Erfahrung ist es jedoch wichtig, Raum und Zeit für die Auseinandersetzung mit ihren kreativen Aktivitäten zu schaffen. Hinzu kommt, dass Kinder leichter lernen, eigenständig mit unterschiedlichen Materialien und Werkzeugen umzugehen, wenn sie dazugehörige feste Plätze (offene Regale, transparente Schubladen oder Schränke mit verstellbaren Böden) sowie zeitliche Strukturen (Mal- und Kreativstunden) haben.

Kapitel 1 | Die pädagogische Aufgabe

> *Das Atelier ist ein impertinenter, frecher Ort.*
> Loris Malaguzzi, Mitbegründer der „Reggio-Pädagogik" (1920–1994)

Dazu gehören frei zugängliche Fächer für verschiedene Papiere, eigene Zeichenmappen oder Malordner, in denen die Kinder ihre Werke sammeln können. Zur Bildaufbewahrung kann der Name des Kindes sowie das Datum festgehalten werden. Schreibt ein Kind noch nicht selbst seinen Namen, können die Erzieher/-innen die Angaben auf der Rückseite des Bildes notieren. Eventuelle Kommentare des Kindes zu seinem Werk lassen sich auf einem extra Blatt notieren und zur Aufbewahrungsmappe hinzufügen.

Der zur Verfügung gestellte Raum sollte vor allem funktional eingerichtet sein und die Möglichkeit bieten, immer wieder unterschiedliche Werke der Kinder auszustellen. Auch Abbildungen und Gegenstände zur künstlerischen Anregung bieten sich an.

Zur freien Entfaltung einer aktiven Kunststunde gehört auch, dass die Kinder sich in ihrer Umgebung und ihrer Kleidung nicht beeinträchtigt fühlen müssen. Tatsächlich behindert viele Kinder die Angst um ihre Kleidung in der freien Arbeit und in ihrer Kreativität. Malkittel können aus gebrauchten T-Shirts und Hemden bestehen, die an einer kleinen Garderobe an der Wand hängen. Malunterlagen sind in Reichweite der Kinder aufbewahrt, sodass sie sich diese selbst nehmen können. Auch Wischlappen, mit denen am Ende einer Kunststunde die Tische und Stühle gesäubert werden, sind an einem für die Kinder zugänglichen Ort untergebracht.

Entscheidet sich ein Kindergarten zu einer oder mehreren Projektwochen, in denen ein bestimmtes Thema künstlerisch bearbeitet wird, kann aus dem ganzen Kindergarten eine große Künstlerwerkstatt werden. Mehrere Projektgruppen widmen sich unterschiedlichen Techniken, sodass die Kinder die Möglichkeit haben, sich eine Technik auszusuchen: Das kann zur Frühlingszeit unter dem Motto „Farben erwachen" sein, bei dem z. B. Malarbeiten, Pappmacheefiguren, Mosaike aus gesammelten Blütenblättern usw. angeboten werden.

Abb. 2: Anregende Farben und Objekte

Hilfreiche Fragen zur „Ausstattung"
Haben die Kinder genügend Platz, sich auszuprobieren? Können die Kinder frei experimentieren, ohne Rücksicht auf „Beschmutzungen" nehmen zu müssen (Unterlagen, Malkittel)? Sind feste Plätze mit Materialien und Werkzeugen vorhanden? Besteht Platz für die Unterbringung der geschaffenen Werke? Ist die Umgebung anregend? Sind eventuelle Hilfsmittel vorhanden?

Desinteresse einordnen können

Die Aufmerksamkeit der Erzieher/-innen ist ebenfalls im Hinblick auf Vermeidungsstrategien gefragt. Jeder Lernschritt bildet eine Erkenntnis, sogenannte Misserfolge gibt es nicht, da jedes Ergebnis eine neue Erfahrung ist. Motorische Störungen, Wahrnehmungsstörungen und Koordinationsschwierigkeiten können im gestalterischen Bereich gut aufgefangen werden, denn hier sind viel Fantasie, Originalität und Sensibilität gefragt. Selbstvertrauen und Selbstsicherheit werden gestärkt und auch zurückhaltende Kinder erhalten einen Freiraum, in dem sie an Mut gewinnen, aus sich herauszukommen. In diesem Sinne leistet bildnerische Gestaltung einen großen Beitrag zur Integration auch behinderter Kinder. Sowohl Umsetzungsvermögen als motorische Fähigkeiten können durch gezielte Hilfestellungen gefördert werden, indem ein Kind, das z. B. Schwierigkeiten oder Hemmungen hat, mit Stiften und Pinseln umzugehen, seine Bilder zunächst stempelt, klebt, reißt oder modelliert. Eine weitere Hilfestellung, die Scheu vor dem Zeichnen zu verlieren, besteht in der Möglichkeit befreiender Experimente: Schwungübungen mit geschlossenen Augen zu machen oder nach Musik zu malen, kleine Buntstifte an jeden Finger einer Hand mit Klebeband zu befestigen und draufloszuzeichnen, mit unterschiedlichen Gemüsestängeln (oder anderen Materialien) zu stempeln, den eigenen Körper zu bemalen; der Fantasie der Kinder, aber auch der Erzieher/-innen, ist hier keine Grenze gesetzt. Hauptsache ist, Freude am Gestalten und Glücksgefühle am kreativen Ausdruck beim Kind zu erreichen.

Hilfe durch Erwachsene

Abb. 3: Ablagen und Fächer

> *„[…] Vielleicht ist der Zustand des Glücklichseins durchaus mit verschiedenen Tätigkeiten verbunden. Vielleicht können wir für das eine oder andere sorgen, ohne uns dabei wirklich zu sorgen. Vielleicht können wir tätig sein und doch dabei in der Anschauung des Schönen verharren. Ein solches Tätigsein wäre das Tätigsein des Künstlers. Denn der Künstler ist aktiv, ohne dabei einen wirklichen Zweck zu verfolgen. Sein Zweck ist die Schönheit. Schönheit aber lässt sich nur erreichen, wenn Tätigkeit und Glück letztlich zusammenspielen, wenn die Tätigkeit im Ganzen frei von Sorge ist."*
> Thomas Lehnerer, Künstler (In: Thomas Lehnerer, Lesebuch. Cantz Verlag, Bonn, 1996, S. 67)

Vielleicht können Kinder, die mit ihren gestalterischen Ergebnissen nicht zufrieden sind, ihre Arbeiten miteinander tauschen und lustvoll in ein „fremdes" Kunstwerk malen, stempeln, tupfen oder es zerknüllen, falten, in Streifen schneiden, neu zusammen setzen usw. Sie können ermutigt werden, auch einmal etwas dem Zufall zu überlassen.

Abb. 4: Jeder Finger ein Stift …

1.2 Freiräume für kreatives Gestalten schaffen

1.2.1 Helfen, Ideen und Themen schöpferisch umzusetzen

Unterstützen durch Ermutigung

Interessen wecken

In vielen Situationen beschränkt sich die Aufgabe der Erzieher/-innen tatsächlich darauf, aufmerksam zu beobachten und die Kinder bei ihren Versuchen zu ermutigen, sich künstlerisch auszudrücken. Fallen Fehlhaltungen z. B. bei der Stifthaltung auf, sollte auch mit Fachleuten wie Kinderärzten oder Ergotherapeuten Rücksprache gehalten werden. Gerade bei Kindern im Vorschulalter ist als Vorbereitung auf die Ansprüche in der Schule besondere Aufmerksamkeit gefordert.

> *Wir assistieren den Kindern, wir erziehen sie nicht …*
> Loris Malaguzzi, Mitbegründer der Reggio-Pädagogik (1920–1994)

Emotionale Unterstützung und eine anregende Umgebung sowie individuelle Motivation und Freiräume gewährleisten eine Integration aller Kinder. Ziel dabei ist, auch Kinder zu motivieren, die von sich aus wenig Lust zum Malen oder Zeichnen haben, wobei hier auch auf eventuelle Gründe und Hintergründe geachtet werden sollte (motorische Schwierigkeiten oder psychische Hemmungen). Über das Angebot von Themen, für die sich die Kinder gerade interessieren (Beispiel Vulkane, s. Kap. 2.3.1), und über Techniken, die ihren handwerklichen Neigungen entgegenkommen (Beispiel Leinwand selbst bauen, s. Kap. 2.1.2), werden auch Kinder miteinbezogen, die sonst selten am Maltisch zu sehen sind. Aktivitäten, bei denen sie sich ausreichend bewegen (z. B. ein „kreativer Waldtag", an dem mit gesammelten Früchten, Blättern, Zweigen, Moos und Ähnlichem Masken für ein kleines Waldtheaterstück geschaffen werden), sind ihrem Bewegungsdrang dienlich. Musikalisch geneigten Kindern z. B. liegt die Beschäftigung mit Klanginstallationen, die im Bereich der zeitgenössischen Kunst zu finden sind; diese geben ebenso Anregungen zur Gestaltung eigener Installationen. Auch kann ein performativer Ansatz zur Annäherung an bildende Kunst gewählt werden, der die anderen Künste wie Musik, Theater, Tanz und Literatur mit einschließt (s. unter Kap. 2.8). Hier wird der Ausdrucksfähigkeit gleich auf mehreren Ebenen Raum gegeben. Die Kinder gehen gestärkt und selbstbewusst aus einem solchen Projekt hervor. Sie erfahren Wertschätzung und Beachtung nicht nur auf ihre Werke bezogen, sondern gegenüber ihrer ganzen Person.

Abb. 5: Malen mit zerstampftem Vulkangestein

Die Kraft des Gemeinschaftswerks

Ein gemeinschaftliches Werk schafft die Basis zu einem reflektierten und selbstbewussten Umgang mit dem eigenen schöpferischen Können: Die Kinder lernen voneinander, jedes trägt sein Eigenes zum Allgemeinen bei, je nach seinen Fähigkeiten und Ideen. Die gegenseitige Anregung zeigt sich den Kindern offensichtlich im expressiven Ergebnis. Sie leisten gegenseitige Hilfestellungen und lernen die Stärken der anderen bewusst wahrzunehmen. Sie stehen im gedanklichen Austausch miteinander, was ihre Kommunikationsfähigkeit fördert und voraussetzt, aufeinander einzugehen, indem sie sich ein wenig zugunsten eines Gesamtwerks zurücknehmen. Soziale Kompetenz und Gemeinschaftsgefühl werden dabei verstärkt. Der künstlerische Prozess wird außerordentlich intensiv miterlebt.

Regelmäßige Arbeitsbesprechungen

Die Kinder sind bei einer Gemeinschaftsarbeit besonders gefordert, ihre Bedürfnisse und Interessen selbst zu äußern. Dazu ist zum Teil die Hilfe der Erwachsenen als „Mediatoren" notwendig. Es bietet sich an, zwischen den einzelnen Arbeitsschritten einen Sitzkreis zu formen, in dem der vorherige sowie der nächste Schritt genau besprochen werden. Dies scheint zwar aufwendig, wird von Kindern aber gern angenommen, da für sie der Entstehungsprozess des Werkes äußerst spannend und bedeutsam ist. Sie fühlen sich in ihrem individuellen Mitspracherecht ernst genommen und engagieren sich dadurch besonders. Ihre Vorschläge und Ideen werden auf diese Weise aktiv eingebracht, auch wenn nicht jede Idee in dem Werk umgesetzt werden kann. Über die Aufbewahrung und Präsentation entscheiden die Kinder gemeinsam. Bei den Entscheidungsprozessen halten sich die Erzieher/-innen im Hintergrund und übernehmen nur die Moderation des Diskussionskreises. Durch gezielte Fragen können sie an einem „toten Punkt" die Reflexion vorantreiben, bei Streitigkeiten vermitteln und Diskussionsergebnisse kurz zusammenfassen, um die Aussagen der Kinder zu unterstreichen (s. unter Kap. 2.9.3).

Abb. 6: Frei nach Jackson Pollock ein großes Gemeinschaftsbild schaffen. Die Kinder entscheiden, das Bild nach der Ausstellung unter sich aufzuteilen.

Hilfreiche Fragen zur Erstellung eines „Gemeinschaftswerks"

Welches Thema oder welche Technik eignet sich für ein Gemeinschaftswerk?
Wie groß können die Projektgruppen dazu sein oder kann die ganze Kindergartengruppe mitarbeiten?
Wie teile ich Arbeitsphasen und Ruhepausen ein?
Welche Materialien und Werkzeuge brauchen wir?
Wie viel Zeit räume ich für das Projekt ein?
Welche Hilfestellungen brauchen die Kinder?
Wie möchten die Kinder ihr Werk präsentieren?
Wie soll das Werk aufbewahrt werden?

1.2.2 Vorstellungsvermögen erweitern

Farben entdecken und gezielt einsetzen

Ideen stehen im kreativen Bereich an erster Stelle. Aber wie setzen wir diese um? Die Welt der Farben steht in der Entwicklung des Kindes zunächst im Vordergrund, sie erschließt sich kleinen Kindern tagtäglich. Die Wahrnehmungsfähigkeit von Kindern wird nicht nur durch passives Beobachten, sondern besonders durch aktives Gestalten gefördert. Die Auswahl der Farben differenziert sich mit zunehmendem Alter der Kinder nicht nur in ihren Zeichnungen und Bildern, sie spiegelt sich auch in der Auswahl ihrer Kleidung wider. Anfangs probieren sie verschiedene Farben in unterschiedlichen Techniken aus, mit Fingermalfarben, Wachskreiden, Pinseln und Buntstiften. Dabei setzen sie die Farben noch nicht gezielt ein, die sinnliche Erfahrung des Kritzelns und Pinselns ist jetzt wichtiger. Schließlich ziehen sie bestimmte Farben vor: Sie benutzen Farben mit Signalwirkung wie Rot und Orange oder entwickeln Lieblingsfarben, die ein ganzes Bild dominieren. Kinder im Vorschulalter gehen schon auf schematischere Weise mit Farbe um, d. h., sie wählen für Blätter Grün, weil Blätter „eben grün sind". Erst nach und nach gucken sie genauer hin, unterscheiden die einzelnen Grüntöne oder sehen sich die Farbenpracht der Herbstblätter aufmerksam an und versuchen, sie umzusetzen. In der individuellen Entwicklung variieren auch hier die einzelnen Wahrnehmungsprozesse.

Genaues Hingucken

In der kindlichen Wahrnehmung und Darstellung spielt genaues Beobachten, Neugier und detailliertes Erforschen der Dinge eine große Rolle.

Selbst arrangierte, themenbezogene Stillleben fördern das genaue Beobachten schon beim Aussuchen der Gegenstände, die zu einem Stillleben arrangiert werden.

Im Zusammenhang mit der Vermittlung von z. B. impressionistischer Malerei lassen sich bei schönem Wetter Spaziergänge machen, auf denen Malutensilien mitgenommen werden (Brettchen als Unterlage, Papier, Stifte, Sitzkissen). Dort können die Kinder in der freien Natur nach Objekten suchen, die sie gerne in ein Bild umsetzen möchten. Die Motive können vor Ort in Bilder umgesetzt oder auch im Kindergarten als Stillleben arrangiert werden. Die Ausflüge können auch im Rahmen eines bestimmten Projektes, Themas oder Mottos durchgeführt werden, z. B. ein Besuch im Zoo mit dem Unterthema „die Tarnfarben der Tiere".

Ausgefallene Formen und Farben von Fundstücken aus der Natur können Lust auf kreatives Handeln anregen. Experimentiermöglichkeiten können durch ein gezieltes Angebot vieler, verschiedener Materialien erweitert werden.

Zum genauen Hingucken gehört auch das genaue Hinsehen der Erwachsenen. Kommentare wie „was soll das denn sein" zeugen von wenig Respekt und hemmen die freie Ausdrucksmöglichkeit der Kinder. Die Bilder werden in einer gemeinsamen Besprechung, Ausstellung oder Ähnlichem mehr wertgeschätzt und fördern die allgemeine Kommunikation.

Förderung der Wahrnehmung bedeutet auch Förderung der Selbstwahrnehmung. Dazu gehört beispielsweise die Anfertigung von Selbstbildnissen (s. Kap. 2.5.3).

Auch das „In-sich-Hineinsehen" während einer Traum- oder Fantasiereise bewirkt eine weitere Differenzierung des genauen Hinsehens und Hinhorchens.
(Anleitungen und Ideen zu Traum- und Fantasiereisen für Kinder finden sich z. B. unter: www.terrapie.de.)

Hilfreiche Fragen zur „Bildbesprechung"
Ich würde mir gerne ansehen, was du heute gemalt hast. Du denkst dir so viele interessante Dinge aus …   Mich interessiert, was dein Bild erzählt …   Welche Stifte/Pinsel/Farben/Materialien hast du bei deinem Bild benutzt …   Was gefällt dir an deinem Bild besonders gut? Du bist sehr fantasiereich …   Woran hast du bei deinem Bild gedacht …

Abb. 7: Paul beschreibt seine Zeichnung.

1.2.3 Kreative Ausdrucksmöglichkeiten verfeinern

Dabei ist zu beachten, dass der kreative Ausdruck nicht gehemmt und individuelle Fähigkeiten gefördert werden. Das bedeutet: keine Einheitsaufgaben nach restriktiven Malvorgaben oder Vielzahl an vorgestanzten Schablonen zu verteilen, nicht Rezepte, sondern eine Orientierung an verschiedenen Techniken und freien Themen anzubieten. Zum Beispiel enthält das Themengebiet „Die vier Elemente" genügend Möglichkeiten, sich zu entfalten und Potenzialen Gestalt zu geben. Auf diese Weise entstehen Ergebnisse, die trotz einer übergeordneten Themenstellung differenziert sind und keine Wertung nach sich ziehen, sondern in einer Förderung bestehen, die in die Breite angelegt ist, sodass jedes Kind mit seiner individuellen Stärke auftreten kann: Das trägt das soziale Miteinander, es entsteht kein hemmender Wettkampf. Gegenseitige Hilfestellung oder das Arbeiten an einem Gemeinschaftswerk (wie z. B. ein großes gemeinsames Bild malen, eine große Lehmfigur bauen) lassen Kinder voneinander und miteinander lernen.

Unterschiedliche Beispiele aus der Kunstgeschichte zeigen Kindern die vielfältige Palette an Ausdrucksmöglichkeiten, Ideen und Techniken, ohne einschränkende Vorgaben zu machen. Im Gegenteil vermitteln Kunstwerke beispielhaft die gestalterische Freiheit des Experimentierens.

Abb. 8: Lebensgroße Lehmfigur „Mensch"

Hilfreiche Fragen zur „Vermittlung einer bestimmten Technik"

Welche Materialien, Hilfsmittel und Werkzeuge brauchen wir?
Woher bekommen wir diese?
Ist eine bestimmte Ausstattung des Raums vonnöten?
Welche Unterstützung benötigen die Kinder von uns Erzieherinnen und Erziehern?
Wobei können die Kinder sich gegenseitig unterstützen?
Was können die Kinder voneinander lernen?
Wobei können sie zusammenarbeiten?
Wie viel Zeit brauchen sie für die Umsetzung ihrer Werke?
Wie lange soll das Projekt insgesamt dauern?

Einblick in die Menschheitsgeschichte

Bei der Auseinandersetzung mit bildnerischem Gestalten lernen Kinder auch etwas über die zeitliche Einordnung kennen: Zeitgenössische Kunst etwa bietet ihnen einen unmittelbaren Zugang, da sie sich häufig mit unserer Umwelt beschäftigt, aktuelle Themen aufgreift, sich Techniken bedient, die den Kindern aus ihrem eigenen Alltag bekannt sind: Maschinen, Videoinstallationen, Bilder aus Werbung und Fernsehen. Den Kunstwerken ist ein kritischer Umgang mit den Massenmedien abzulesen. Von der zeitgenössischen Kunst mit seinem aktuellen Alltagsbezug lassen sich gut Bögen zu Kunstwerken früherer Epochen schlagen. So führen Höhlenmalereien die Kinder in die Zeit unserer Vorfahren und vermitteln die Umstände des damaligen Lebens, die durch die Darstellung elementarer Bedürfnisse in eine unmittelbare Beziehung zu den Kindern treten (sammeln, bauen, pflanzen, die Bedeutung des Feuers, Schutz suchen usw.). Auf diese Weise können bestimmte Epochen in das gestalterische Arbeiten mit einbezogen werden und es kann gezielt auf die Interessen der Kinder Bezug genommen werden.

Kapitel 1 | Die pädagogische Aufgabe

1.3 Den Erwerb von Bildkompetenz fördern

Ein wichtiger Aspekt von „Bildkompetenz" bedeutet, zwischen Grafiken aus der Alltagswelt und künstlerischen Darstellungen unterscheiden zu lernen. Dadurch können z. B. gewisse Fähigkeiten gefördert werden, die für den ganzen weiteren Lebensweg der Kinder bedeutsam sind: Wir lesen täglich Symbole, Zeichen, Buchstaben und Bilder in unterschiedlichsten Zusammenhängen und Medien.

Hinweis
Bildkompetenz ist eine Unterkategorie von Medienkompetenz. Bildkompetenz bedeutet, mit Bildern reflektiert und selbstbestimmt umzugehen. Dies schließt das Verständnis unterschiedlicher Bildformen und Bildtypen mit ein. Die Bilder, mit denen wir täglich konfrontiert sind, befinden sich im ständigen Wandel, weshalb auch „Bildwissenschaft" den Strömungen der Zeit unterliegt.

Ein Teil der Erlangung von Bildkompetenz besteht im Wiedererkennungseffekt, der durch Schulung unserer Wahrnehmung entsteht. Zur Rezeption und Vermittlung von Kunstwerken können schon bei der frühkindlichen Erziehung altersgerechte Informationen gegeben werden: über den Künstler, über das Land, in dem er gelebt hat, wie er auf die Idee des Kunstwerks gekommen ist, über Techniken, Materialien und Hintergründe, wie das Kunstwerk entstanden ist und ob es zu Lebzeiten des Künstlers Anerkennung erhalten hat.

Es sollte ausreichend Platz und Anregungen zu Fragen der Kinder geboten werden sowie die Möglichkeit, das sinnlich und emotional Erfahrene selbst künstlerisch umzusetzen. Auf diese Weise erreichen die Kinder kontinuierlich ein Stück Unabhängigkeit und werden in ihrer Wahrnehmung sowie Interaktion mit der Umwelt unterstützt. Differenzierungsübungen bieten den Kindern mit jedem Schritt einen größeren Durchblick: Wie hängt was mit wem zusammen? Zusammenhänge zu erkennen und komplexe Prozesse zu verstehen, dies gehört genauso zum Umgang mit künstlerischer Bildung, wie persönliche Ausdrucksmöglichkeiten zu verfeinern und aktuelle Erlebnisse zu verarbeiten.

1.3.1 Symbole und Zeichen erkennen

Die Sprache der Bilder

Neben der Förderung von Sprachkompetenz rückt in den letzten Jahren immer mehr die Bedeutung von Bildkompetenz in den Vordergrund, wobei Bildkompetenz im Grunde genommen heute auf Medienkompetenz verweist. Wie gehen Kinder, besonders Kindergartenkinder, mit der Flut von Bildern um? Dazu gibt es zahlreiche Untersuchungen mit den unterschiedlichsten Ergebnissen, denen aber gemeinsam zu sein scheint, dass vor allem der Bewusstseinsgrad der Konsumenten eine große Rolle bei der Fähigkeit von Verarbeitung und kritischem Umgang mit Bildern und Medien spielt. Bei der frühkindlichen Förderung ist es deshalb besonders wichtig, Kindern die Möglichkeit zu geben, sich mit unterschiedlichsten „Bildern" zu konfrontieren. Dabei werden ihnen Anregungen gegeben, diese Bilder nicht als bloße passive Betrachter oder Konsumenten aufzunehmen, sondern diese als verweisende Zeichen zu verstehen. Dadurch entsteht ein Aufforderungscharakter, mit ihnen aktiv in Kommunikation zu treten. Diese Bildbetrachtung stiftet zur Erforschung der Hintergründe, Zusammenhänge und Bezüge dieser Zeichen an. Die Kinder entwickeln so die Fähigkeit zu einer sinnvollen Auswahl und Interpretation von Bildern selbstständig weiter.

Abb. 9: „An so einem Tisch möchte ich auch mal essen!"
Bild: *Luciano*, Franz Gertsch, Neues Museum Weserburg Bremen, Stiftung Ludwig-Roselius

1.3.2 Wahrnehmung differenzieren und das Erkannte ästhetisch umsetzen

Museumsbesuch mit allen Sinnen

Kunstwerke werfen oft Fragen auf, aber wollen diese Fragen in jedem Fall endgültig beantwortet werden? Kinder nehmen dieses Spiel sofort auf: Sie stellen weitere Fragen und entfernen sich dabei nicht vom eigentlichen Kern des Themas; sie bleiben hartnäckig „dran". Sie verfolgen die Spuren, indem sie z. B. selbst neue legen. Sie erkennen tabuisierte oder vernachlässigte Themen, die sie in ihrem eigenen Alltag immer wieder beschäftigen, und nehmen diese dankbar auf. Kinder wissen eine verbindende und eine distanzierende Linie zu ihrer eigenen Umgebung und zu Kunstwerken zu ziehen. So z. B. bei der Betrachtung einer Figur des Künstlers Muñoz, die eine kleinere Figur mit dem Zeigefinger tadelt. Die 3- bis 4-jährigen Kinder stellten sich selbst als Skulpturen unbeweglich in den Raum (Aufgabe zur Figurengruppe „Conversacion": „Wie fühlt sich das an, unbeweglich und stumm zu sein, sich gegenüberzustehen, ohne sich zu unterhalten?"), aus der Betrachtung dieses Figurenpaars entwickelten die Kinder jedoch spontan ein kleines Theaterstück, ohne dass ihnen diese Aufgabe gestellt worden wäre. Die Kleinkindphase, in der alle Sinne spielerisch ausprobiert werden, ist bei Kindergartenkindern noch präsent und unabgeschlossen. Aber der Bewusstheitsgrad sowie die Reflexion der Wahrnehmung sind schon ausgeprägt und selbstständig kommunizierbar.

Philosophische Themen
- *regen an*
- *erwecken Interesse*
- *bieten Stoff für Diskussionen*
- *erweitern die Weltsicht*
- *erweitern Sprach- und Bildkompetenz*

Abb. 10: Juan Muñoz, *Conversacion*, in der Ausstellung „Welten", Neues Museum Weserburg Bremen

Erforschen eines Kunstwerks

Das Erforschen eines Kunstwerks bleibt nicht auf das jeweilige Kunstobjekt begrenzt. Kinder kommunizieren mit dem Kunstwerk und haben hier keine Berührungsängste. Diese Bereitschaft können Erzieher/-innen gezielt zur Vermittlung und Anregung einsetzen. Gemeinsam stellen sie einen Bezug zur Alltagswelt der Kinder her. Ein Beispiel aus der zeitgenössischen Kunst zeigt, wie Kinder eigenständig einen angefangenen Gedankengang, der durch die Betrachtung eines Kunstwerks ausgelöst wurde, kreativ weiterführen und produktiv umsetzen.

Nach der Betrachtung und Auseinandersetzung mit einem Steinkreis des britischen Künstlers Richard Long legten die Kinder Spuren auf ihrem Kindergartengelände. Sie hatten erfahren, dass Long mit Strandgut und anderen in der Natur gesammelten Materialien arbeitet. Seine Kunstwerke draußen in der Landschaft sind nicht für die Ewigkeit geschaffen, sie sind vergänglich. Etliche Kinder kamen daraufhin auf das Thema Tod zu sprechen und auf den Verfall eines toten Tieres oder einer vertrockneten Pflanze in der Natur. Werden auch wir wieder zu Erde? Aber was ist mit Steinen? Anfangs suchten die Kinder nach Steinen, legten einen Steinkreis. „Der bleibt da nicht für immer, aber die Steine, bleiben die für immer Steine?"

Richard Long
Long wurde 1945 in Bristol, Großbritannien geboren, er lebt und arbeitet in Bristol. Während seiner Wanderungen schafft er in der Landschaft zeitlich begrenzt sichtbare Stein- und Holzskulpturen, die er fotografisch und textlich dokumentiert. Er überlässt seine Kunstwerke der Verwitterung oder zerstört sie selbst wieder. Auf seiner Website sind weitere Informationen zu finden: http://de.wikipedia.org/wiki/Richard_Long.

Sich einlassen

Andere suchten in Gruppen weitere Materialien und legten unterschiedlich große Kreise. Schließlich kamen einige auf die Idee, sich selbst in einen Kreis zu legen. „Auch dieser Kreis bleibt nicht für immer." Hier ist der Gedanke an Vergänglichkeit auf den eigenen Körper übertragen und am eigenen Körper zu spüren. Schon die Bewegungen der Körper verändern kontinuierlich den Kreis. Eine andere Gruppe erarbeitete einen Kreis aus essbaren Dingen wie Obst und Gemüse, die schließlich gegessen wurden. Wieder andere legten Spuren aus Blütenblättern, die dufteten und die der Wind schließlich auseinanderwehte. „Jetzt riecht unsere Luft so gut nach Blütenblättern!" Die Kinder lassen sich voll und ganz auf das Kunstwerk und auch auf die von ihnen als Schwerpunkt gewählte Thematik der Vergänglichkeit ein. Die Art, das Kunstwerk weiterzudenken, und die Weise, einen Zugang dazu zu finden, bleiben in ihrer Hand.

1.3.3 Dokumentieren und Präsentieren

„Das hab ich gemacht!"

Unterschiedliche Formen, Ergebnisse in Ausstellungen, Malmappen und Malordnern oder in selbst hergestellten Bilderbüchern zu präsentieren, bieten den Kindern die Möglichkeit, mit ihren Werken nach außen zu treten: Selbstbewusstsein und Stolz werden geweckt. Freunde und Verwandte werden eingeladen, die geschaffenen Werke zu betrachten, sich die Kommentare und Erklärungen der Kinder anzuhören. Hier eröffnet sich ihnen die Gelegenheit, Forschern gleich aufzutreten und von ihren Ideen, Entwicklungen und Experimenten zu erzählen. Der „abgebildete Gegenstand" tritt dabei (beim offenen, experimentellen Umgang mit Kunst) immer mehr in den Hintergrund. Es geht um mehr als bloßes Abbilden, es geht um den Ausdruck an sich. Den Außenstehenden ergeben sich Einblicke in die Bildungsprozesse und Lebenswelten der Kinder, die in ihren Bildern von ihren Entdeckungen und Erfahrungen erzählen. Ungewollt erzählen sie von ihren Freuden, Sorgen und Schwierigkeiten, die manchmal erst durch die Gestaltungsarbeit aufgedeckt und verarbeitet werden können. Fotoserien, Skizzen, Videos und Prozessbeschreibungen veranschaulichen den Unterschied zwischen vorgegebenen Bastelarbeiten und experimentellen Werken.

Abb. 11: Jonas, 5 Jahre: „Das ist der Walfisch, in dem Jona im Bauch war. Ich heiße ja auch Jonas."

Hilfreiche Fragen der Kinder zu ihren „Werken"
Was will ich ausdrücken?
Was ist mir wichtig?
Womit drücke ich es aus?
Inwieweit ist mir das gelungen?
Was würde ich das nächste Mal anders machen?
Passt die Technik zu dem, was ich mitteilen wollte?

Eigenständige Dokumentationen

Schon während eines gestalterischen Projektes kann eine Art Arbeitstagebuch eingeführt werden, in dem die Kinder einzelne Arbeitsschritte exemplarisch ausführen oder skizzenhaft dokumentieren. In einer „Freiarbeitszeit" innerhalb des Projekts können sie selbst entscheiden, was sie hineinkleben, malen, zeichnen, kritzeln usw.

Vorschulkinder können mit einer selbst fotografierten Dokumentation eines künstlerischen Projekts zur Ergebnispräsentation beitragen, die jüngeren Kinder mit Skizzen, die von den Erzieherinnen und Erziehern durch originale Zitate und Titel der Kinder ergänzt werden. Diese Dokumentationen können an Wandtafeln oder in Heften bzw. Büchern gesammelt werden. Auch auf Kassetten aufgenommene Kommentare, Erklärungen und Geräusche dienen der Dokumentation, die Kinder sich gerne immer wieder anhören. Bewährt hat sich die Dokumentation in Form eines Videos, das an einem gemeinsamen Treffen auch den Eltern vorgeführt werden kann. Vielleicht möchten die Kinder die Kamera einmal selbst (mithilfe eines Erwachsenen) in die Hand nehmen.

Dokumentation in Form von
Hefte
Mappen
Leporellos
Wandbildern
Fotoserien
Hörspielen
Filmen

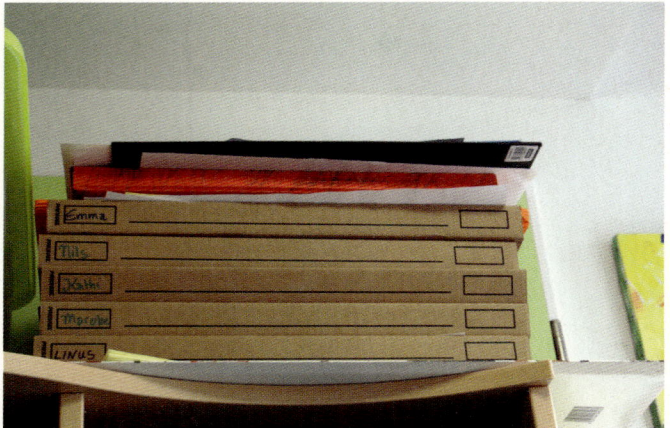

Abb. 12: Mappen und Kartons dokumentieren die künstlerische Entwicklung.

Unterschiedlichste Präsentationen

Im Zusammenhang mit unterschiedlichen Themen und in der Auseinandersetzung mit verschiedenen Künstlern und Kunstwerken variieren auch die Formen der Dokumentationen und Ergebnispräsentationen. Im Folgenden werden einzelne Möglichkeiten passend zu den einzelnen Aktivitäten vorgestellt, um die Themenstellungen, Techniken und Übungen abzurunden. So kann die Beschäftigung mit Farben zu Verkleidungen, Farbfesten, Farbbüffets, Farbstillleben und Wandgestaltungen führen, bei denen sich die Kinder in ihrer Fantasie ausleben können. Außerdem bekommen sie auf diese Weise die Möglichkeit, sich in dem erlernten Bereich von Farbnuancen und Farbenlehre auszudrücken. Es ist wichtig, auch bei der Präsentation auf die Wünsche der Kinder einzugehen; es sind schließlich ihre Werke, die ausgestellt werden. Sie entscheiden, welche zu zeigen sind und welche nicht. Auch muss sich ihnen die Gelegenheit bieten, den Besuchern Erklärungen und Informationen zu ihren Ergebnissen und deren Entstehungsprozess zu geben.

Präsentation nach
Themen
Techniken
Anlässen (z.B. Feste)
Farben

Abb. 13: Ein Fest für alle Sinne: das Farbbüfett

Hilfreiche Fragen zur „Präsentation und Dokumentation"

Was dokumentieren wir, wie treffen wir eine Auswahl?
Wie präsentieren wir (z. B. in einem „künstlerischen Tagebuch", auf einem Wandbild, in einer Ausstellung, mit einer „Performance")?
Wo präsentieren wir?
Wen laden wir zur Präsentation ein?
Wie gestalten wir die Einladungen?
Haben wir genügend Platz?
Was brauchen wir für Materialien und Werkzeuge?
Brauchen wir weitere Helfer (z. B. für den Aufbau von Stellwänden)?
Was können die Kinder (unter Anleitung) selbstständig ausführen?

Kapitel 2 | Die gestalterische Aufgabe

2
Die gestalterische Aufgabe

2.1 Herstellung eigener Kunstmaterialien

Wie sieht eine Künstlerwerkstatt aus?
Vielleicht ist es möglich, ein Künstleratelier in der Nähe des Kindergartens zu besichtigen und mit Künstlern ein Gespräch zu führen.

Wird der Umgang mit Kunst und kreativem Gestalten als Prozess verstanden, und für Kindergartenkinder besonders als Lernprozess, so gilt das Herstellen eigener Materialien als ein wichtiger Bestandteil davon. Das bedeutet, dass die Kinder vom ersten Schritt an am Entstehungsprozess beteiligt und ernst genommen werden. Ihrem Entdeckergeist und Forscherdrang wird ausreichend Nahrung gegeben, da sie nahezu unbegrenzt mit Alltagsdingen experimentieren können. Sie erhalten die Gelegenheit, eigenständig mit kreativem Material und mit der Umsetzung ihrer Ideen umzugehen.

Außerdem ermöglicht die Herstellung eigener Kunstmaterialien einen Einblick in die Künstlerwerkstatt großer Künstler.

Der Umgang mit dem Material ist von Beginn an viel vertrauter, wenn Farben selbst angerührt, eine Leinwand selbst gefertigt und eine Leinwand selbst gebaut wurde, als würde den Kindern alles fertig vor die Nase gesetzt.

Der Weg zum eigenständigen Untersuchen und Experimentieren ist somit geebnet. Die Kinder sind ermutigt, ihre eigenen, auch ungewöhnlichen Ideen und Materialien umzusetzen, ihre Fantasie auszuleben und sich anderen mitzuteilen.

2.1.1 Sammeln kostenloser Materialien

Idee – das ist der Grundgedanke
Ein vielfältiges und reichhaltiges Sammelsurium von Materialien, die in ihrem ursprünglichen Umfeld nicht mehr gebraucht werden, erhält im künstlerisch kreativen Bereich neuen Nutzen und neue Bedeutung.

Die zusammengebrachten Materialien können in unterschiedlichen Mal- und Gestaltungstechniken verarbeitet werden und bieten den Kindern ergänzende Facetten an Ideenreichtum und Experimentierfreudigkeit.

Hinweis
Wunder- oder Kunstkammern waren in Europa seit dem 14. Jahrhundert aus Raritäten- und Kuriositätenkabinetten hervorgegangen und gelten als Vorläufer für unsere heutigen Museen, die im Laufe des 19. Jahrhunderts entstanden. Fürsten und wohlhabende Bürger brachten ihre Sammlungen in Kunstkammern unter, wo die Kunstwerke neben Objekten aus der Natur und dem Handwerk standen.

Mit der Entstehung einer kleinen „Wunderkammer" lassen sich besondere Kuriositäten der Sammlung ausstellen. Denkbar ist, dass jede Woche ein neues Kind seine Lieblingsstücke der Materialsammlung ausstellen darf. Zum Bau der Wunderkammer kann auch ein Puppenhaus benutzt werden, das auf diese Weise vorübergehend eine neue Funktion erhält.

Abb. 14: „Galerie des Nutzlosen": Eine kleine Ausstellung in der Wunderkammer

Durchführung – so wird es gemacht

Mit Körben, Taschen oder Schalen machen sich die Kinder auf die Suche nach interessanten, verwertbaren Gegenständen, die nicht mehr gebraucht werden. Das kann im Kindergarten selbst sein oder auf einem Dachboden, einem Keller und im eigenen Zuhause; bei Ausflügen und Spaziergängen, im Wald, am Flussufer oder am Strand. Die gesammelten Dinge können aus der Natur stammen oder auch weggeworfene Gebrauchsgegenstände sein.

Jedoch ist nicht jeder Müll zu verwerten, hier gelten auch Hygieneregeln und Rücksprache mit Erwachsenen, was gesammelt werden darf und was lieber liegen gelassen wird, was haltbar ist oder was eventuell schnell verkommt.

Beim Aufbau einer Materialsammlung bestimmen die Kinder die Gebiete, nach denen die Gegenstände geordnet werden sollen. Sie unterteilen verschiedene, vorzugsweise transparente Sammelbehälter in Themen, die sie für zweckmäßig halten: Das könnte nach Materialkategorien wie Metall, Kork, Holz oder Papier geschehen sowie nach Farben oder Größen.

Hinweise durch Erwachsene:
Es muss nicht immer alles gekauft werden. Es lohnt sich, die Augen offen zu halten für das, was im Haushalt einfach weggeworfen wird.

Material – das wird benötigt
- Körbchen
- Tüten
- Leiterwagen
- Aufbewahrungsboxen
- Fester Aufbewahrungsort, geordnet nach Gebieten oder Materialien

Beobachtung – das kann man erkennen
- Vieles, was weggeworfen wird, da es als unbrauchbar erachtet wird, birgt einen gewissen Reiz und regt zur kreativen Weiterverarbeitung an.
- Aus gewöhnlichen Alltagsdingen, wie Büroklammern, Eierkartons, leeren Klopapierrollen, Knöpfen oder Kronkorken, werden in einem neuen Zusammenhang ungewöhnliche Kuriositäten und schließlich Kunstwerke.
- Große Künstler arbeiten die unglaublichsten Objekte in ihre Kunstwerke mit ein. Die Betrachtung ihrer Kunst regt nicht nur zum Nachdenken an, sondern amüsiert die Betrachter auch.

Daniel Spoerri: Fallenbilder
Spoerris Karriere als bildender Künstler begann 1960 mit seinen „Fallenbildern" beim „Festival d'Art d'Avantgarde" in Paris.

> „zu den fallenbildern – was ich tue? gefundene, vom zufall vorbereitete situationen so kleben, daß sie kleben bleiben, was hoffentlich dem zuschauer unbehagen bereitet. […] und zum schluß noch dieses, bitte betrachten sie die fallenbilder nicht als kunst. eine information, eine provokation, ein hinweisen des auges auf regionen, die es nicht gewohnt ist zu beachten, sonst nichts. – und kunst, was ist das? ist es vielleicht eine lebensform? – in diesem fall vielleicht!?"
>
> Daniel Spoerri
>
> (Dez. 60, in: Zero, Köln, 1973, S. 216; zitiert in: Zufall als Prinzip. Spielwelt, Methode und System in der Kunst des 20. Jahrhunderts. Hrsg. von Bernhard Holeczek und Lida von Mengden. Edition Braus, Heidelberg, 1992, S. 186)

2.1.2 Eine eigene Leinwand aufziehen

Idee – das ist der Grundgedanke

Oft sind es Jungen, die einen schwierigen Zugang zu den Mal- und Bastelangeboten im Kindergarten haben. Da gerade Jungen meist über das Werkeln und die Technik leichter zu etwas herangeführt werden können, bietet sich das Malen auf Leinwand an. Bei Kindern mit den verschiedensten Vorlieben, aber auch mit Blockaden oder Schwächen, gilt es, Lust aufs Malen zu wecken sowie eben auch jene Kinder zu integrieren, die aus anderen Gründen ungern einen Stift in die Hand nehmen.

Durch das Bauen einer eigenen Leinwand lässt sich für Kindergartenkinder der Aufbau eines Bildes von Anfang an nachvollziehen.

Kapitel 2 I Die gestalterische Aufgabe

Abb. 15: Zusammenklopfen des Rahmens

Durchführung – so wird es gemacht

Hilfe durch Erwachsene

Stellen Sie den Kindern das Malprojekt kurz vor. Kinder hämmern gerne. Leiten Sie die Kinder dazu an, die vier Leisten ineinanderzustecken und zu einem Quadrat zusammenzuklopfen (s. Abb. 15). Der fertige Rahmen wird flach auf den Boden gelegt. Sodann wird der Leinwandstoff auf den Rahmen gelegt und so zurechtgeschnitten, dass breite Ränder überstehen. Schließlich wird der Rahmen umgedreht, sodass er auf der Leinwand liegt. Die Stoffränder können nun auf der Rückseite festgetackert werden. Hierbei ist die Hilfestellung der Erziehenden nötig, damit die Leinwand fest gespannt ist und auf der Vorderseite keine Wellen entstehen. Außerdem muss ein Auge auf die Ecken geworfen werden, die sich teilweise leicht lösen. Das kann mit kleinen Keilen für die Ecken jedoch verhindert werden.

Abb. 16: Leinwand aufziehen

Material – das wird benötigt
- Leisten für Leinwände
- kleine Keile für die Ecken
- Leinwandstoff (beides in Künstlerbedarf- und Kreativmärkten zu finden)
- Hammer
- Schere
- Tacker mit Klammern

Die fertige Leinwand grundieren

Abb. 17: Grundierung auftragen

Mit einer Leinwandgrundierung wird die gesamte Leinwand weiß bemalt. Damit die Grundierung nicht von der Leinwand herunterläuft oder zu sehr tropft, können die Kinder sie auf den Fußboden legen und dort die Grundierung auftragen. (S. Abb. 17) Es braucht Durchhaltevermögen, mit einem breiten Pinsel die Leinwand gleichmäßig zu grundieren. Der Pinsel liegt am besten locker in der Hand, es sind weder Kraft noch besondere feinmotorische Fähigkeiten notwendig. Das Grundieren einer großen Fläche erinnert die Kinder eher an Anstreichen als an Malen und das macht ihnen besonders Spaß. Gleichzeitig bekommen die Kinder ein Gefühl für die Konsistenz der Farbe und den gleichmäßigen Pinselstrich. Diese Erfahrung hilft ihnen später bei der Weiterführung, z. B. beim Gestalten des Hintergrunds.

Ist die Grundierung trocken, können die Kinder anfangen, ihre Bilder zu gestalten.

Tipp
Lassen Sie die Kinder die Grundierung mit dem Fön trocknen, dann müssen sie nicht zu lange auf den nächsten Schritt warten.

Hinweis
Es lässt sich auch ohne Grundierung auf Leinwand malen (s. Kap. 2.2.6).

Beobachtung – das kann man erkennen
- Grundieren erinnert die Kinder an das Anstreichen einer Wand.
- Das Pinselschwingen beim Grundieren bereitet auf lockernde Weise auf das Malen mit dem Pinsel vor.
- Das Grundieren ist geheimnisvoll, da hier die Möglichkeit für jedes Bild angelegt ist.

2.1.3 Staffelei selbst bauen

Idee – das ist der Grundgedanke
Auf eine sehr einfache Weise lassen sich praktische Staffeleien selbst bauen. Das Arbeiten an der Staffelei ermöglicht, unterschiedliche Standpunkte zu wählen, an denen gearbeitet wird, und eignet sich besonders zur Malerei auf Leinwand oder auch mit Fingerfarben. Das Malen im Stehen ist für Kinder besonders reizvoll, da sie dabei viel Bewegungsfreiheit haben. Außerdem fühlen sie sich ganz wie die großen Künstler, wenn sie sich z. B. direkt draußen in der Natur befinden und vor Ort Bäume, Blumen, Tiere und anderes um sich herum malen können (s. auch Kap. 2.3.3).

Durchführung – so wird es gemacht
Zwei Latten werden an einem Ende innen mit Nägeln mit dem Scharnier verbunden, die dritte Latte an dem hinteren Ende des Scharniers, sodass sie senkrecht stehen. Die vorderen Latten ergeben dabei ein Dreieck, das auf ca. 50 cm Höhe durch die kürzere, vierte Latte waagerecht miteinander verbunden wird. Diese vierte Latte stellt zugleich die Ablage für die Leinwand oder das Zeichenbrett dar. An der hinteren Mitte der waagerechten Latte wird die Kette befestigt, das andere Kettenende an der Vorderseite der dritten Latte, sodass die Staffelei nicht auseinanderrutschen kann (s. Zeichnung Abb. 18).

Die Staffeleien haben wenig Gewicht, lassen sich leicht zusammenklappen und wegräumen und nehmen wenig Platz in Anspruch. So können sie auch zu einem Ausflug im Leiterwagen zusammen mit den anderen Malutensilien mitgenommen werden.

Hinweis
Durch Fotografien von Künstlern, die an der Staffelei arbeiten, wird den Kindern ein Praxisbezug zur bildenden Kunst vermittelt, der sie in ihrer künstlerischen Entwicklung anregt.

Hilfe durch Erwachsene

Tipp
Es bietet sich an, Staffeleien mit unterschiedlicher Höhe der Ablageleiste zu bauen, sodass auf die Größe der malenden Kinder noch besser eingegangen werden kann.

Material – das wird benötigt
- Zentimetermaß
- drei lange (ca. 140 cm) und eine kürzere Holzlatte (ca. 100 cm), ca. 4–5 cm breit und ca. 2 cm schmal
- ein (Möbel-)Scharnier (im Baumarkt zu finden)
- Nägel

- Metallkette mit Haken und Öse (im Baumarkt zu finden)
- Hammer
- eventuell Zeichenbrett und Mehrzweckklammern fürs Papier

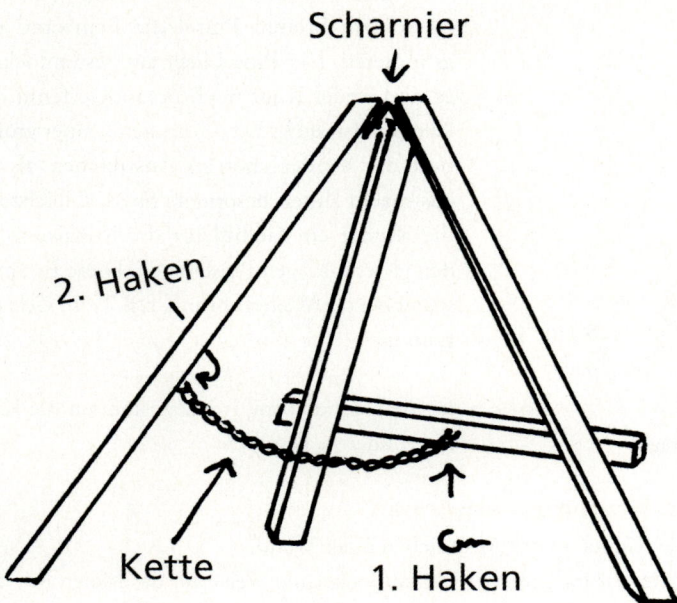

Abb. 18: Technische Zeichnung zum Anfertigen der Staffelei

Beobachtung – das kann man erkennen
- Selbstbewusste Haltung der Kinder wird gefördert.
- Wird nicht nur auf einer waagerechten Arbeitsfläche gearbeitet, sondern zeitweise auf einer schrägen Senkrechte, bildet sich für die Kinder ein neuer Blickwinkel.
- Unterschiedliche Malorte regen die Kinder an, sich kreativ zu entfalten.

2.1.4 Farben anrühren und herstellen

Idee – das ist der Grundgedanke

Hinweis
Pigmente sind der „Rohstoff" der Farben in Pulverform.

Früher gab es keine Farben zu kaufen und doch haben auch die Höhlenmenschen schon gemalt, wie wir heute noch an zahlreichen Höhlenmalereien sehen können. Die Kinder überlegen sich, mit welchen Naturfarben gemalt werden kann. Mit Naturmaterialien wie Erde, Asche, Gras, verschiedenen Blüten, selbst mit Gemüse oder Früchten können sie selbst ausprobieren, Farben herzustellen. Sie lassen sich reiben, im Mörser zerstampfen, pressen und anrühren. Unter der Anregung von Erwachsenen wird die Palette der selbst gemischten Farben noch breiter. So werden z. B. Gemüse gekocht und der Sud zur Farbherstellung genutzt oder gekaufte Farbpigmente zu Tempera verrührt.

Durchführung – so wird es gemacht
Tempera

Hinweis
Das Wasser löst die Farbpigmente. Das Ei hält alles zusammen und lässt die Farbe auf dem Papier haften.

Temperafarben für das Malen auf Leinwand, auf festem Karton oder Papier können die Kinder aus Farbpigment und Ei selbst anmischen. In einem leeren Marmeladenglas mischen die Kinder ein Ei und ihr gewähltes Pigment zusammen (ein noch reineres Ergebnis erhält man, wenn nur das Eigelb gebraucht wird). Bei der Dosierung des Pigments ist die Hilfe eines Erwachsenen erforderlich. Schließlich wird das Glas mit dem Deckel zugedreht und geschüttelt, sodass sich Pigment und Ei vermischen. Möchte man die Ei-Tempera nur mit dem Eigelb anfertigen, so muss den Farbpigmenten ein wenig Wasser beigefügt werden.

Kapitel 2 | Die gestalterische Aufgabe

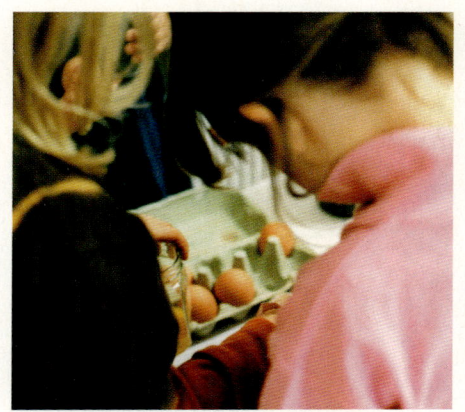

Ei-Tempera, die besonders rein ist und deren Farben auf der Leinwand über Jahrzehnte haltbar sind, so wie Künstler sie benutzen, ist komplizierter herzustellen und erfordert viele Proben und Erfahrung. Die hier vorgestellte Tempera ist eine schlichte, für die Herstellung von Kindern sehr geeignete Form.

Jedes Kind erhält seinen eigenen Teller, auf dem es seine gemischte Farbe (oder gemischten Farben) mit dem Pinsel aufnehmen kann.

Tipp
Werden die Pigmente mit ein wenig Pflanzenöl (z. B. Distelöl) angerührt, werden die Farben besonders leuchtend.

Abb. 19: Mit rohen Eiern hantieren

Beobachtung – das kann man erkennen

Die Konsistenz der selbst gerührten Farbe ist dickflüssiger und unregelmäßiger als gekaufte Wasser- oder Abtönfarben. Die selbst hergestellte Farbe muss nicht gleichmäßig aufgetragen werden. Die Kinder können sie z. B. auch mit dem Pinsel oder mit einem Schwämmchen auftupfen. Dabei ist es hilfreich, das Bild in einzelne Flächen aufzuteilen und anschließend auszumalen.

Material – das wird benötigt

- frische, rohe Eier
- Farbpigmente
- leere Marmeladengläser mit Deckel
- alte Teller
- Pinsel
- Küchenpapier (wenn etwas danebengeht …)

Tipp
Es lassen sich auch aus farbigen Kreiden Pigmente herstellen, indem diese zerstampft werden. Anschließend verarbeitet man das entstandene Pulver mit Ei.

Mit Farbpigmenten können auch „fremdartige" Materialien eingefärbt werden, mit denen man spezielle Effekte erzielen kann: So lassen sich Sand (z. B. Vogelsand), Haustierstreu, Sägespäne oder gar zerbröselte Cornflakes einfärben und mit Leim gemischt auf starkes Papier auftragen, sodass unebene Strukturen entstehen.

Farben aus Lebensmitteln herstellen

Auch aus Lebensmitteln, die man im Haushalt vorfindet, lassen sich Farben herstellen. Die Kinder können sich selbst auf die Suche nach verwertbaren Materialien machen, wie z. B. Säften, Senf, Kaffee, Tee oder Ketchup. Es gilt jedoch, die benutzten Schälchen, in denen die Farben aufbewahrt werden, in den Kühlschrank zu stellen und auf ihre Haltbarkeit hin zu überprüfen. Nach der Benutzung sollten sie gleich ausgespült werden.

Tipp
Vor dem Anrühren dürfen einige, nicht zu scharfe Gewürzpulver probiert werden.

Mit Wasser und Eigelb verrührt lassen sich aus gemahlenen Gewürzen wunderschöne Naturfarben erzeugen. Diese Farben wirken nicht nur schön, sondern riechen (und schmecken) auch besonders. Werden die Pulver mit Pflanzenöl vermischt, erhält man eine besonders geschmeidige Masse. Über Paprikapulver, Kurkuma und Curry sind hier viele Rot-, Gelb- und Brauntöne zu entdecken. Kräftige Rottöne in verschiedenen Nuancen erreicht man mit gepressten Beeren (natürlich ungiftigen!), wie Johannis-, Himm-, Erd- oder Fliederbeeren.

Hinweis
In der Natur ist die reine Farbe Blau zur Farbherstellung selten zu finden und war deshalb eine der wertvollsten Farben (z.B. Indigoblau, Königsblau, gewonnen aus der Indigopflanze, Blauholz und pulverisiertem Lapislazuli).

Blautöne lassen sich mit Blaubeeren und Brombeeren (braun, violett, blau), aber auch mit Rotkohl (Blaukraut) erstellen. Da aus dem rohen Rotkohl wenig Farbe zu gewinnen ist, bietet es sich an, diesen vorerst zu kochen. Die Kinder schneiden den Kohlkopf in Streifen und werfen ihn in einen Topf mit Wasser. Dort wird er gekocht und schließlich wird der Sud durch ein feines Sieb abgegossen. Ist der Sud abgekühlt, können ihn die Kinder durch ein Küchentuch drücken und mit Eigelb vermischen. Dadurch entsteht eine schöne vermalbare Farbe.

Mit dem Mörser arbeiten: Erdfarben

Hilfe durch Erwachsene

Unterschiedlichste Braun- und Schwarztöne lassen sich in Mörsern stampfen. Natürlich können die Erdklumpen auch einfach auf Zeitungspapier oder anderen Unterlagen zerkleinert werden. Auf Spaziergängen können die Kinder verschiedene Sorten von Erde sammeln und im Kindergarten zu Farbe verarbeiten. Tonklumpen, Lehmklumpen und Asche (z. B. aus selbst verbranntem Papier oder Holz, nach einem gemeinsamen Grillnachmittag) werden zerstampft und anschließend zu einer schmierigen Masse mit Wasser und Ei oder Leim vermischt.

Fingerfarben selber machen

Tipp
Wird Kochsalz in flüssige Farben gemischt, entstehen durch das Trocknen aufregende Strukturen.

Selbst Fingerfarben lassen sich selbst fabrizieren. Es braucht nur Wasser, Mehl und etwas Speisefarbe, um sie anzurühren. Die Farbe hält sich etwa zwei Wochen im Kühlschrank.

Abb. 20: Arbeit mit dem Mörser

Beobachtung – das kann man erkennen

- Ungleichmäßig vermischte Pigmente geben einen besonderen Reiz beim Malen. Es entstehen leuchtende Pünktchen, Schlieren und unregelmäßige Flächen.
- Durch Hinzufügen von fremden Materialien lassen sich ungewohnte Effekte und interessante Strukturen erzielen.

Benötigte Materialien pro Farbe:
100 ml Wasser
4–5 El Mehl
Speisefarbe

Bezug zur Kunst

Das älteste Zeugnis von Malerei mit Pigmenten und Bindemitteln findet man in den Höhlenmalereien der Steinzeit. Auf den Felsenzeichnungen sind überwiegend Darstellungen von Menschen und Tieren zu sehen. In Frankreich finden sich die meisten Fundorte, weitere befinden sich in Spanien und Italien.

Tipp
Eine informative Internetseite mit vielen Abbildungen findet man unter: http://www.seilnacht.com/Lexikon/Hoehlen.htm.

Die Farbpigmente wurden aus Erdfarben, Gesteinen und Erzen, aber auch aus Knochen und Holzkohle gewonnen. Als Bindemittel verwendeten die Menschen damals Kalk und Wasser, z. T. auch pflanzliche Harze und Blut.

2.1.5 Fertige Schablonen suchen

Hinweis
Pflanzen färben während des Pressvorgangs sehr ab, deshalb nur zwischen Materialien pressen, die entweder unempfindlich sind oder nicht mehr gebraucht werden. Pflanzenfarben sind nicht lichtbeständig und verblassen mit der Zeit.

Im Außengelände des Kindergartens, auf Spielplätzen, auf Spaziergängen oder Ausflügen lassen sich die unterschiedlichsten Formen von Schablonen finden. So lassen sich mit Blättern schnell und unkompliziert reizvolle Herbstbilder gestalten. Auch im Haushalt finden sich interessante Gegenstände, die sich als Schablone eignen: Kronkorken, Tortenspitzen, Papier- und Gummiringe, Gummibänder, Büroklammern, Knöpfe, Zahnräder, Bausteine, Becher und Teller.

Es können auch Blätter, Blüten und ganze Blumen gepresst werden. Man legt sie zwischen Platten, Blöcke oder alte Telefonbücher, bis sie getrocknet sind, sodann können sie als Schablonen benutzt werden. Vielleicht schmückt solch eine gepresste Blüte auch ein Bild, indem sie mit eingearbeitet wird.

Abb. 21: Mit Tortenspitzen Geschenkpapier herstellen

Kapitel 2 | Die gestalterische Aufgabe

Durchführung – so wird es gemacht

Die Schablonen können in unterschiedlichster Weise eingesetzt werden. Es bietet sich an, sie im Bereich der „Sammelsurien" (s. unter Kap. 2.1.1) aufzubewahren, sodass sie bei Bedarf schnell zu finden sind.

Sie können zur Umrandung für bestimmte, von den Kindern gebrauchte Formen eingesetzt werden, aber auch für experimentelle Techniken.

Hinweis
Selbst gefundene oder hergestellte Schablonen geben Sicherheit, schränken jedoch Ideenreichtum und Fantasie nicht ein.

Schablonen mit Spritztechnik verwenden

Die Schablonen werden auf die gewünschte Unterlage gelegt. Mit einer alten Zahnbürste wird Farbe aufgenommen (Wasserfarben, Gouache, verdünnte Tempera, Abtönfarben) und über ein Sieb hin- und hergestrichen und gerieben. Dabei wird das Sieb über die Schablone gehalten, die das Bild abdeckt. Es gibt spezielle Siebe für Spritztechnik, es eignen sich aber auch Teesiebe u. Ä. Werden die Schablonen abgenommen, erscheinen darunter die ausgesparten Formen; durch die gespritzte Farbe ergibt sich ein sanfter, weicher Effekt. Auch die Ränder der ausgesparten Formen durch die Schablonen wirken fein.

Materialien für Spritztechnik
- *alte Zahnbürsten oder Bürstchen*
- *Siebe (möglichst flache)*
- *Wasserfarben*
- *Papier*
- *Schablonen*

Es entstehen wunderschöne Abstufungen von verschiedenen Farben übereinander. Nimmt man die Schablone ab, so leuchten an den ausgesparten Stellen die Motive hervor. Es lassen sich auch mehrere Schichten übereinanderspritzen, indem die Schablonen nach jeder Farbschicht ein Stück weit verschoben werden (so entsteht z. B. der Eindruck von Bewegung). Oder aber auf einen gespritzten Hintergrund werden nacheinander verschiedene Schablonenmotive aufgebracht, sodass ein Positiv-negativ-Effekt entsteht.

Abb. 22: Spritztechnik, laufende Tiere

Tipp
Die Konsistenz der Farbe muss ausprobiert werden, denn zu dicke Farbe bleibt nur in der Bürste kleben, zu dünne hingegen bringt große Kleckse aufs Papier.

Mit Pinsel und Schwämmchen

Schablonen mit mehreren Durchbrüchen, wie Spitze, Zahnräder oder Ähnliches, eignen sich besonders für das Arbeiten mit Schwämmchen. Schwämmchen werden in Farbe getaucht oder mit dem Pinsel bemalt und auf die Schablonen getupft, sodass die Farbe durch die Durchbrüche und um die Schablone herum auf dem Untergrund aufgetragen wird (s. Abb. 21). Das Gleiche gilt für das Malen und Tupfen mit dem Pinsel, wobei jeweils andere Effekte erzielt werden. Mit dem Pinsel kann über die Ränder gestrichen werden, sodass ein ausgefranster Effekt erzielt wird (s. Abb. 23).

Beobachtung – das kann man erkennen
- Mit fertigen Schablonen zu arbeiten, ist eine einfache, anregende Technik.
- Es lassen sich schnell große Flächen dekorativ gestalten, deswegen eignen sich Schablonen z. B. für die Herstellung eigener Geschenkpapiere.

2.1.6 Eigene Schablonen entwerfen

Idee – das ist der Grundgedanke

Einige Motive, die Kinder gerne verarbeiten möchten, lassen sich ausschließlich selbst entwerfen und gestalten. Hierbei bleiben Fantasie und Einfallsreichtum der Kinder uneingeschränkt. Auch Motive aus Zeitschriften können ausgeschnitten und als Schablone verwendet werden.

Gerade zur Spritztechnik können Kinder eigene Schablonen zeichnen und ausschneiden. So können zu einem übergeordneten Thema z. B. laufende oder fliegende Tiere in ihrer Bewegung dargestellt werden

(s. Abb. 22). Falls keine eigenen Schablonen dazu angefertigt werden, können Motive auch aus Zeitschriften ausgeschnitten werden.

Für Tierspuren mit der Technik der Frottage (s. unter Kap. 2.2.3) eignen sich z. B. gezeichnete, ausgeschnittene Spuren nach einem Zoobesuch.

Durchführung – so wird es gemacht

Die Kinder zeichnen Motive, z. B. zu einem übergeordneten Thema wie Zirkus oder Meerestiere. Die Motive, die sie als Schablone verwenden möchten, zeichnen sie auf festes Papier, z. B. Tonpapier, Karton oder Pappe, und schneiden sie dann aus. Es eignet sich auch Styroporpapier, da es weich und leicht zu schneiden, aber gleichzeitig sehr haltbar ist. Auch Moosgummi kann für Schablonen verwendet werden.

Abb. 23: Über die Ränder gestrichen

Tipp
Die Kinder können ihre Schablonen auch untereinander tauschen oder aber ein gemeinsames Bild mit allen Schablonen zusammen entwerfen.

Die Schablonen können in Schubladen aufbewahrt und bei Bedarf immer wieder für unterschiedliche Techniken verwendet werden. So wenn z. B. die Kinder drum herumzeichnen, mit Pinseln über die Ränder wischen, Kohle oder Rötel an den Außenrändern verreiben.

Schablonenwischtechnik

Für ältere Kinder

Die Ränder der Schablonen werden mit weichen Buntstiften oder Wachsmalstiften bemalt. Mit einem trockenen Lappen oder Schwämmchen wird über die Ränder auf das darunterliegende Papier gestrichen.

Weitere Techniken werden unter Kap. 2.6 beschrieben.

Material – das wird benötigt

- weiche Stifte
- Scheren
- starke Papiere
- Styroporpapier
- Moosgummi

Abb. 24: Schneiden fördert die Feinmotorik.

Beobachtung – das kann man erkennen

- Vor allem die kleineren Schablonen aus Moosgummi oder Styroporpapier lassen sich auch als Stempel benutzen.
- Mit selbst hergestellten Schablonen lässt sich viel experimentieren, ohne Kreativität und Ideenreichtum einzuengen.
- Es lassen sich Erfahrungen mit Positiv- und Negativformen machen und bewusst einsetzen.

2.2 Verschiedene Maltechniken

Kinder in ihrer Entwicklung ernst nehmen

Drücken sich Kinder bildnerisch aus, so stehen die Freude am Ausdruck, die Lust am kreativen Handeln, der Drang nach Forschen und Entdecken und die Sinnlichkeit am Akt des Gestaltens im Vordergrund. Selbst bei einem neuen Farbanstrich im Kindergarten, bei dem die Kinder bei der Wahl der Farbe(n) und der aktiven Umsetzung mit einbezogen werden, sind sinnliche Freude und kreativer Einsatz deutlich er-

Kapitel 2 | Die gestalterische Aufgabe

kennbar. Es geht hier zwar nicht um den individuellen, künstlerischen Ausdruck, aber die bleibende, räumliche Gestaltung ihres Kindergartens stärkt sie in ihrer Motivation und kreativen Entwicklung.

> *Kinder werden als Künstler geboren. Die Kunst besteht darin, einer zu bleiben.*
> Pablo Picasso

Die folgenden Maltechniken versuchen, das kreative Potenzial der Kinder zu nutzen, zu stimulieren und ihre persönliche Entwicklung gezielt zu fördern. Nicht das „schöne Bild" gilt als Ziel, sondern den eigenen Ausdruck in die Gestaltung zu bringen, der Mut zu experimentieren, die Neugier weiterzuforschen und eigene Vorstellungen umzusetzen.

2.2.1 Malen mit Fingerfarben

Idee – das ist der Grundgedanke

Beliebt ist die Malerei mit Fingerfarben, da sie schon von jüngsten Kindern problemlos durchgeführt werden kann. Es gibt sie zu kaufen, aber sie kann auch selbst hergestellt werden (s. Kap. 2.1.4). Sie ist völlig ungiftig und kann deshalb auf verschiedene Körperteile aufgetragen werden. Es ist keine Stift- oder Pinselhaltung nötig, um zu malen, weshalb Fingerfarben gerade zum Einstieg in die Malerei schon für Krippenkinder geeignet sind.

Durchführung – so wird es gemacht

Von Papptellern oder aus Töpfchen können die Kinder die Farbe aufnehmen, entweder mit den Fingern oder mit Pinseln, und sie auf unterschiedliche Papiere auftragen. Werden die Blätter auf Zeichenbrettern befestigt, können die Kinder auch an der Staffelei arbeiten (Bauanleitung s. unter Kap. 2.1.3).

Außerdem eignet sich ein großes Wandbild zum Malen mit Fingerfarbe. Auf einem meterlangen Papier (von einer Papierrolle, z. B. Packpapier), das an einer freien Wand befestigt wird, können die Kinder ein großes Gemeinschaftswerk anfertigen, an dem alle Altersgruppen mitarbeiten können. Dazu kann es auch ein übergeordnetes Thema geben, wie z. B. die bestehende Jahreszeit, Tiere von einem bestimmten Kontinent, Meerestiere oder ein Fest wie Karneval. Bleibt das Wandbild eine Zeit lang hängen, haben die Kinder auf diese Weise ihren Kindergartenraum selbst gestaltet.

Tipp
Vielleicht möchten die Kinder mit ihren Wandbildern auch andere Räume, wie die Toilette, den Flur, das Treppenhaus oder die Küche, vorübergehend gestalten.

Kinder malen gern auf dem Fußboden sitzend. Mit Fingerfarbe lassen sich auch die nackten Füße und Hände einfärben und ein Spurenbild auf dem Boden kreieren.

Beobachtung – das kann man erkennen

- Das Malen mit Fingerfarben ist für die Kinder in erster Linie eine sinnliche Erfahrung.
- Körpereigene Instrumente können problemlos zum Malen und Drucken benutzt werden, da die Farbe leicht abwaschbar ist.
- Mischt man die Fingerfarben untereinander, indem die Farbe frisch ineinander vermalt wird, so entstehen interessante, bunte Schlieren.

Hinweis
Schon in alten Kulturen wurde Körperbemalung durchgeführt. Sie drückt das Schmuckbedürfnis der Menschen aus, deren Körper zur „Leinwand" wird.

Material – das wird benötigt

- Fingerfarben
- große Papiere
- viel Platz
- Tücher zum Abwischen
- Malkittel
- Abdeckfolie

Abb. 25: Ein Spurenbild aus vielen Handabdrücken

2.2.2 Abklatschtechnik: den Zufall zulassen

Hinweis
Das Abklatschverfahren wird auch „Klecksografie" genannt. Dies ist die Bezeichnung von Mustern und Figuren aus Farbklecksen. Zum Teil wurde das Verfahren in der Psychologie verwendet („Rorschachtest").

Idee – das ist der Grundgedanke
Mit dieser Technik erzielen die Kinder wirkungsvolle Effekte, die dem Zufall großen Raum bietet. Mit Wasser- oder verdünnten Temperafarben erhalten sie reizvolle Ergebnisse, in die sie gern verschiedene Dinge hineinsehen. Die dazu notwendigen Handgriffe fördern die Feinmotorik und das Geschick mit Papier und Farbe umzugehen.

Durchführung – so wird es gemacht
Die Kinder falten ein Blatt Papier in der Mitte und bringen auf dem Knick des wieder entfalteten Blattes flüssige Farbkleckse auf (s. Abb. 26). Sie achten darauf, die verschiedenen Farben nicht zu mischen, sondern nebeneinander aufzubringen. Sind die Kinder zufrieden mit der Anzahl der Kleckse, falten sie das Papier wieder zusammen. Sie verteilen die Farbtupfer, indem sie

Tipp
Die Blätter dürfen nicht zu groß sein, damit die Kinder sie bequem bearbeiten können.

– mit den Handflächen auf das geschlossene Blatt drücken,
– mit der geschlossenen Faust schlagen,
– mit einer Walze darüber rollen oder
– mit den Fingerkuppen klopfen.

Abb. 26: Die Farbe in die Mitte des Blattes tropfen

Anschließend falten die Kinder ihr Blatt wieder auseinander und sehen sich das Ergebnis an (s. Abb. 27).

> *Wenn man einen mit Farbe getraenkten Schwamm an die Wand wirft und den entstandenen Fleck betrachtet, dann entfaltet sich eine suggestive Wirkung, der Fleck erweckt Vorstellungsbilder, die man in sich trägt.*
> Leonardo da Vinci, u. a. Maler, Bildhauer, Erfinder und Architekt (1452–1519)

Tipp
Nachdem die Kinder flüssige Farbkleckse auf ein Blatt gebracht haben, können sie es hin und her bewegen, sodass die Farbe in alle Richtungen verläuft und sich vermischt.

Das Abklatschverfahren lässt sich mit vielen verschiedenen Papieren ausführen, um unterschiedliche Ergebnisse zu erreichen, z. B. mit sehr glatten (Rückseite von Plakaten, Makulaturpapier), rauen (Aquarellpapier), groben (Packpapier), körnigen oder strukturierten Papieren.

Abb. 27: Das Überraschungsbild wird langsam sichtbar.

Material – das wird benötigt
- flüssige Farben (Wasserfarben, verdünnte Gouache, Tempera- oder Abtönfarben)
- verschiedene Papiere (DIN A5, max. DIN A4)
- Behälter mit Wasser
- Pinsel
- Schwämmchen
- eventuell Pipetten

Hinweis
Da Kinder oft Motive in den Zufallsbildern sehen, können sie diese mit Farbe und Pinsel auch bewusst weitergestalten.

Abb. 28: Dicke Kleckse mit wenig vermischter Abtönfarbe

Beobachtung – das kann man erkennen
- Die Farben vermischen sich beim Falten des Papiers.
- Es entsteht eine spiegelbildliche Zeichnung, die deshalb oft an einen Schmetterling erinnert.

Anregungen – das kann Kinder aktivieren
- Das folgende Zitat von Yves Klein kann den Kindern zur Anregung vorgelesen werden, denn es vermittelt nicht nur die Arbeitsweise des Künstlers, sondern auch Stimmung und Poesie des gestalterischen Prozesses:

> *Ich spritze Farbe auf alles und der Wind, der die zarten Stiele biegt, bringt sie leicht und zart auf meine Leinwand, die ich der rauschenden Natur offen hinhalte: So erhalte ich einen Abdruck der Pflanzenwelt. Dann fängt es an zu regnen, ein zarter Frühlingsregen: Ich gebe meine Leinwand dem Regen hin, und es ist geschehen; ich habe den Abdruck des Regens! Die Zeichen eines atmosphärischen Ereignisses.*
> Yves Klein, Tagebuchnotiz (in: Yves Klein, Ausstellungskatalog Nationalgalerie Berlin, 1976, S. 33)

Yves Klein
Geboren 1928 in Nizza, gestorben 1962 in Paris. Beschäftigte sich seit 1949 mit monochromen Bildern in verschiedenen Farben. 1957 entwickelte er die spezielle Farbmischung seines IKB (International Klein Bleu); es ist ein leuchtendes, tiefes Ultramarinblau.

Tipp
Mit Silber- und Goldfolie oder Alupapier lassen sich Strukturen auch mit den Fingernägeln durchrubbeln. (Beliebt sind die Reliefs von Geldstücken.)

2.2.3 Frottage: als Detektive unterwegs

Idee – das ist der Grundgedanke
Die Technik der Frottage lässt sich als regelrechte Spurensuche durchführen. Mit Papier und weichen Bleistiften gerüstet, ziehen die Kinder los und untersuchen den gesamten Kindergarten samt Außenbereich auf interessante Strukturen hin. Der Experimentierfreudigkeit sind hier keine Grenzen gesetzt.

Kapitel 2 | Die gestalterische Aufgabe

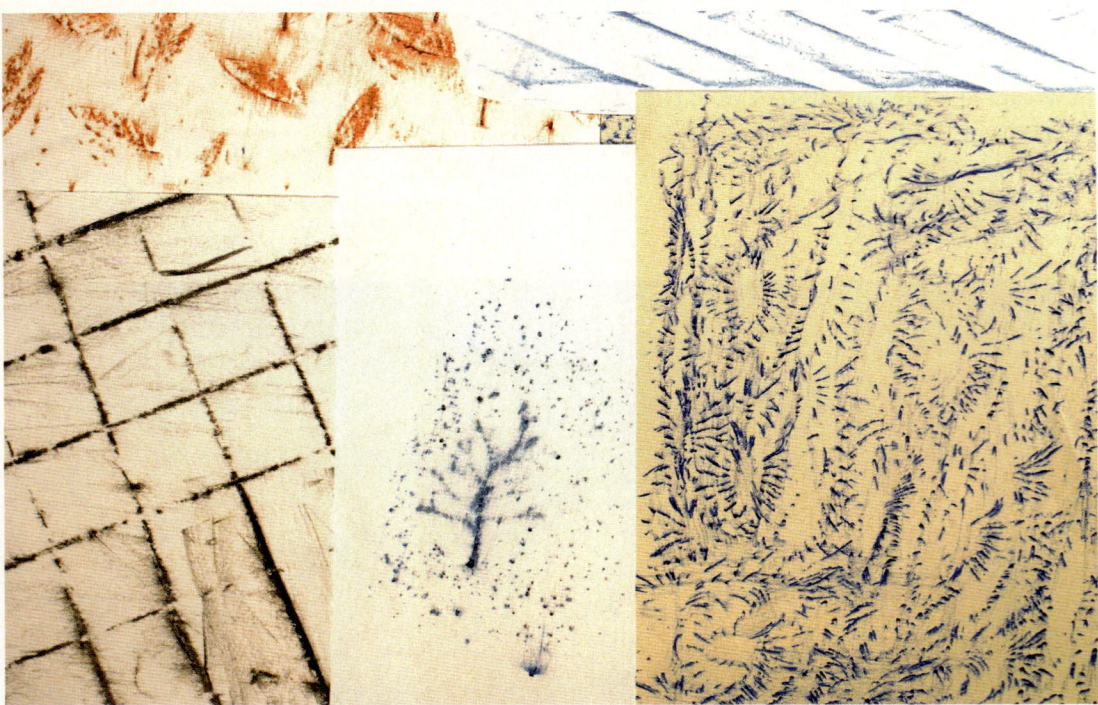

Abb. 29: Blätter, Körbe, Holz und andere Oberflächen

Material – das wird benötigt
– nicht zu dicke, aber reißfeste Papiere (auch Transparentpapier)
– weiche Bleistifte (mindestens Härtegrad 3 B)
– dicke Buntstifte oder Wachskreiden

Durchführung – so wird es gemacht

Hilfe durch Erwachsene

Dünnes Papier (z. B. Pergamentpapier, Butterbrotpapier) wird auf die durchzureibende Oberfläche gelegt und mit einem weichen Blei- oder Buntstift durchgerubbelt. Es eignen sich besonders Oberflächen mit einer unebenen Struktur wie geflochtene Körbe oder Möbelstücke, Holzfußböden, Kacheln, raue Tapeten, Maschendraht, Siebe, Baumrinden, grobes Leder, Wände, Steine usw. An einer kleinen Stelle wird zunächst überprüft, wie sich das Papier verhält und ob eine Struktur erkennbar wird. Ist die Oberfläche zu uneben, reißt das Papier beim Durchreiben leicht.

Es lassen sich in dieser Technik auch selbst gezeichnete Objekte durchreiben, indem diese ausgeschnitten und unter ein Blatt Papier gelegt werden. Sodann wird über die Erhebung des oberen Blattes schraffiert, sodass die Form des darunterliegenden Stücks sichtbar wird. Es entsteht eine besonders schöne Wirkung, wenn mit verschiedenfarbigen Buntstiften schraffiert wird (s. Abb. 30).

Durch Frottage wird oft eine nahezu textile Wirkung erzielt: Die Ergebnisse (z. B. durch gefloch-

Abb. 30: Farbige Tierspuren

tene Korbmuster) erinnern an Strick- oder Webstoffe. Die fertigen Frottagen lassen sich in Form von Kleidungsstücken ausschneiden und für Figuren wie Anziehpuppen verwenden. So können auch ganz einfache Strichfiguren der Kinder „angezogen" werden. (S. Anhang, S. 123–126. Die Kopiervorlagen können beliebig vergrößert kopiert werden; dann fällt das Ausschneiden leichter.)

Beobachtung – das kann man erkennen
- Durch die Frottage wird der Abstraktionsgrad von Strukturen gewöhnlicher Alltagsgegenstände erhöht und in neue Zusammenhänge gebracht.
- Experimentierfreudigkeit und Entdeckungslust werden gefördert durch Entdeckung der vielfältigen, reliefartigen Oberflächen sowie das haptische Gefühl, mit den Fingerkuppen über die Oberflächen der verschiedenen Gegenstände zu tasten.

2.2.4 Reißbilder/Mosaikbilder

Idee – das ist der Grundgedanke
Mit Mosaiktechnik wurde schon in der Antike gearbeitet. Die Römer gestalteten wunderschöne Fußböden, Wände, Wannen, auf denen Jagd-, Bade- und andere Szenen zu sehen sind. (S. Anhang, S. 127)

Bei der Gestaltung von Mosaiken eignen sich Papiere mit unterschiedlichen Oberflächen und Farben. Farbige Glanzpapiere, Sandpapiere, Tonpapier, Pergamentpapier, Zeitschriften und Servietten bringen mit ihren charakteristischen Strukturen reizvolle Wirkungen in die Bilder. Gold- und Silberpapiere können als besondere Merkmale mit eingearbeitet werden. Die Sammlung kann mit selbst gestalteten Papieren, wie z. B. mit den Frottage- oder Monotypiearbeiten, erweitert werden.

Durchführung – so wird es gemacht
Die gewählten Papiere werden in Schnipsel gerissen, je nach Alter und Ausdauer in verschieden große Teile. Für die Jüngeren können auch einzelne Häufchen mit fertigen Papierschnitzeln nach Farben geordnet vorbereitet werden.

Möchten die Kinder bestimmte Motive als Mosaik umsetzen, bietet es sich an, vorher den Untergrund aufzuteilen und die Motive zart zu skizzieren. Die Motive werden so nach und nach mit den gerissenen Mosaikteilchen gefüllt.

Die Papierschnitzel werden mit Klebstoff fixiert; es kann jedoch auch mit gummiertem Papier (oft ist Glanzpapier gummiert) gearbeitet werden, bei dem die Rückseite nur mit der Zunge oder einem feuchten Schwämmchen angefeuchtet wird. Hierbei wird vor allem bei jüngeren Kindern die Schwierigkeit, mit Klebstoffen umzugehen, umgangen.

Beim Mosaik sind die Zwischenräume ebenso bedeutend wie die geklebten Teile selbst. Daher ist gut zu überlegen, welcher Untergrund dazu gewählt wird (ein weißer, schwarzer oder farbiger), indem z. B. vorher eine kleine Fläche mit Teilchen auf verschiedenen Unterlagen ausgelegt wird.

Besonders reizvoll wirken Mosaik- und Reißbilder, wenn die einzelnen Farben der Stückchen in unterschiedlichen Farbnuancen auftreten (s. Abb. 31). Hierzu eignet sich die Gestaltung von Landschaften, Regenbögen, Blumen oder Schmetterlingen.

Auch aus Zeitschriften oder Werbematerial können Papierstücke gerissen und als Mosaikbilder verarbeitet werden. Dies lässt sich als Hinführung zur Collagetechnik verstehen, die später in der Schulzeit umgesetzt wird.

Die Collage ist die systematische Ausbeutung des Zufalls.
Max Ernst, Maler, Grafiker und Bildhauer (1891–1976)

Tipp
Es lässt sich ein vergnügliches Ratespiel durchführen, indem die Kinder ihre Frottagen ausstellen und die Betrachter (das können die anderen Kinder sein) zu erraten versuchen, welche Untergründe verwendet wurden.

Hilfe durch Erwachsene

Hinweis
Für Reißbilder können auch in Streifen gerissene Papiere verwendet werden. Hier können die Streifen auch quer übereinandergeklebt werden, sodass ein textiler Eindruck entsteht, der an Gewebe oder Geflecht erinnert.

In der Auseinandersetzung mit Reiß- und Mosaiktechnik besteht schon eine Vorbereitung zur Vermittlung von einzelnen Kunstrichtungen wie dem Impressionismus oder auch zum Entdecken des Farbkreises.

Material – das wird benötigt
- Papier für den Untergrund
- Klebstoff, am besten Klebstifte
- verschiedene Papierarten
- eventuell gummiertes Papier
- eventuell Zeitschriften und Werbematerial

Beobachtung – das kann man erkennen
- Je enger die Zwischenräume, desto mehr verschiedene Farben braucht man, damit das „Mosaikhafte" herauskommt.
- Je mehr Farbnuancen, desto besser wirkt das Motiv von Weitem.

Abb. 31: Sonne, Blume, Gras

2.2.5 Malen mit Sand

Idee – das ist der Grundgedanke
Sand ist ein Material, das Kindergartenkindern besonders vertraut ist: Sowohl im Sandkasten als auch am Strand bauen und formen sie im und mit Sand, zeichnen mit Stöcken, mit den Fingern. Es sind Sandzeichnungen, die durch äußere Einflüsse wie Witterung schnell zerstört werden.

Will man jedoch im Gegensatz zu Bildern im Sand haltbare Sandbilder mit Sand erhalten, so ist dies mit Papier, Sand und Klebstoff möglich. So lässt sich eine körnige Struktur erzeugen, die an Landschaften erinnert.

Durchführung – so wird es gemacht

Tipp
Es eignen sich besonders feine Arten Sand für die Bilder. Aber auch das Arbeiten mit grobem Sand kann einen reizvollen Effekt ergeben. Dabei muss darauf geachtet werden, dass die Bilder nicht zu schwer werden und sich der ganze Sand ablöst.

Die Kinder zeichnen mit einer Tube oder Flasche flüssigen Klebstoffs auf ein Blatt Papier. Dieses drehen sie anschließend mit der Oberfläche nach unten und legen es sanft auf Sand. Das kann draußen, z. B. direkt in der Sandkiste, aber auch drinnen in einer eigens dafür gebauten Kiste, die mit Sand gefüllt wird, durchgeführt werden.

Die Bilder können auch in mehreren Arbeitsschritten aufgebaut werden. Nachdem ein Bild gut getrocknet ist, kann die Zeichnung ein zweites und drittes Mal mit Klebstoff weitergezeichnet werden und jeweils in einen andersfarbigen Sand getaucht werden.

Der Sand (z. B. Vogelsand) kann mit Pigmenten eingefärbt werden. Mit ihm können ganze Flächen, wie Landschaften, Himmel oder Ozeane, eines Bildes farbig gestaltet und später weiterverarbeitet werden, indem ausgeschnittene Figuren, Tiere oder Pflanzen auf den körnigen Untergrund geklebt werden. Dabei kann der Klebstoff auch mit alten Pinseln, Spachteln oder mehrmals gefaltetem Papier großflächig aufgetragen werden.

Für jüngere Kinder
Auf Pappen kann auch dickflüssiger Tapetenkleister aufgetragen werden, auf den anschließend Sand gestreut wird.

Abb. 32: Eingefärbter Sand mit starken Strukturen

Kapitel 2 | Die gestalterische Aufgabe

Material – das wird benötigt
– Papier
– flüssiger Klebstoff, am besten aus der Flasche
– verschiedene Arten Sand
– flacher Karton oder Kiste für den Sand
– eventuell Pigmente
– Pappe
– Tapetenkleister

Beobachtung – das kann man erkennen
- Sand mutet mal weich, mal rau an und kann je nachdem gezielt für die Gestaltung von Bildern eingesetzt werden.
- Schon in der Natur, hier in Sand und Erde, sind unendlich viele Farbnuancen zu entdecken, die den Reichtum von Landschaften ausmachen.
- Das Gestalten mit natürlichen Farben und Materialien schärft den Blick auf unsere Umwelt und motiviert uns, diese zu erhalten.

2.2.6 Malen auf Leinwand

Idee – das ist der Grundgedanke

Beim Malen auf Leinwand lässt sich schon mit Kindergartenkindern der Prozess vom Bauen der eigenen Leinwand bis zur Ausstellung des Bildes praktisch nachvollziehen. Grobmotorische und feinmotorische Umsetzung, Farb- und Formgefühl, verschiedene Techniken werden kontinuierlich gefördert. Abschließend lassen sich die eigenen Arbeiten und Materialien besprechen, präsentieren, fotografieren und ein eigenes „Museum" einrichten.

Den Kindern wird das Malprojekt kurz vorgestellt. Wird anfangs rein von der Technik ausgegangen und die Leinwand selbst gebaut sowie die Farben angerührt (s. Kap. 2.1.2 und 2.1.4), so fertigen die Kinder zuvor keine Skizzen an, sondern lassen ihren Ideen während der Entstehung des Bildes freien Lauf. Das Motiv des Bildes muss nicht gegenständlich sein. Im Gegenteil wählen sich Kinder bei einer freien, aus der praktischen Umsetzung hervorgehenden Weise oft auch abstrakte, philosophische Themen mit Titeln wie „Gott im Wirbel", „Entstehung der Welt" oder elementare Themen wie „Feuer" und „Wasser".

Gesprächstipp
Habt ihr schon einmal Öl- oder Acrylbilder gesehen? Wo? Vielleicht im Museum oder bei jemandem zu Hause? Sind diese Bilder auf Papier gemalt?

Tipp
Es bietet sich an, einmal in der Woche „Malen auf Leinwand" zu einer festen Uhrzeit einzuplanen.

Abb. 33: Malen eines Hintergrundes

> „Es ist nicht mehr Sache der Malerei, Ereignisse aus der Geschichte darzustellen; die findet man in Büchern. Wir haben von der Malerei eine höhere Meinung. Sie dient dem Künstler dazu, seine inneren Visionen auszudrücken."
> Henri Matisse, Maler und Grafiker (1869–1954), 1909

Im Sitzkreis können die verschiedenen Materialien vorgestellt werden, die die Kinder in den folgenden Wochen oder Tagen benötigen. Dort kann auch besprochen werden, wozu diese Dinge vielleicht gebraucht werden (z. B. die Werkzeuge, die frischen Eier, der Leinwandstoff, die Schwämmchen …).

Kapitel 2 | Die gestalterische Aufgabe

Durchführung – so wird es gemacht

Für das erste Malen auf Leinwand kann auch – muss aber nicht – ein farbiger Hintergrund gewählt werden, auf dem die Kinder später mit weiteren Farben malen. Jedes Kind erhält seinen eigenen Teller, auf dem es seine gemischte Farbe (oder gemischten Farben) mit dem Pinsel aufnehmen kann, die es sich für den Hintergrund gewählt hat.

Jetzt hängt die Leinwand während des Malens an der Wand oder steht auf einer Staffelei (s. Kap. 2.1.3). Der Hintergrund muss im Gegensatz zur Leinwandgrundierung nicht gleichmäßig aufgetragen werden. Die Kinder können z. B. auch mit dem Pinsel oder mit einem Schwämmchen tupfen; sie könnten den Hintergrund in Flächen aufteilen und anmalen.

Tipp
Während die Hintergrundfarbe trocknet, was etwa eine Woche dauern kann, können sich die Kinder Gedanken machen, wie sie weiter an ihrem Bild arbeiten wollen.

Ist der farbige Hintergrund trocken, kann jedes Kind sein Bild gestalten. Fragen Sie die Kinder, was sie sich auf ihrem speziellen Hintergrund vorstellen können. Wie wirkt der Hintergrund?

Unterschiedlich große Pinsel regen die Kinder zum Experimentieren mit der Farbe an. Es können auch dicke Ölstifte benutzt werden. Die Kinder probieren aus, wie ihre selbst gewählten Farben auf ihrem farbigen Hintergrund wirken.

Hinweis auf Farbkreis
Wie wirken Farben? Empfinden die Kinder manche Farben als kalt, andere als warm? Kann man mit Farben Gefühle ausdrücken? Welches sind die Grundfarben? Wie werden Farben aus den Grundfarben gemischt?

Abb. 34: Jedes Kind überlegt sich sein eigenes Motiv.

Ermutigung durch Vorbilder

Beim Malen auf Leinwand ist es wichtig, gerade die älteren Kinder darin zu unterstützen, nicht ausschließlich zu versuchen, auf naturalistische Weise gegenständlich zu malen und ein bestimmtes Motiv „hinzubekommen". Oft wird dies von einer erwachsenen Umgebung (Eltern, Großeltern, Nachbarn und Bekannte) von ihnen gefordert und hemmt sie in ihrer individuellen Entwicklung.

Es hat eine befreiende und anregende Wirkung für Kinder, sich Abbildungen von moderner oder zeitgenössischer abstrakter Malerei anzusehen (z. B. Malewitsch „Das schwarze Quadrat" oder Jackson Pollock, s. unter Kap. 2.7).

Die Kinder sollten darin unterstützt werden, auch Gefühle in ihre Bilder einzubringen und sich von gewissen Ansprüchen der realistischen Darstellung, die meist von außen kommen, zu lösen. So werden auch Kinder erreicht, die Schwierigkeiten oder Hemmungen beim Zeichnen haben. Die Kinder kommen weg von einem Vergleich wie „Ich kann das, du nicht", „Bei mir erkennt man, was das sein soll, bei dir nicht". Ein freies Malprojekt eignet sich besonders auch in integrativen Kindergärten.

Kapitel 2 | Die gestalterische Aufgabe

Abb. 35: Das Motiv gewinnt an Gestalt.

Material – das wird benötigt
– Leinwand mit oder ohne Grundierung
– verschiedene Pinsel
– Schwämmchen
– Spachtel
– Ölstifte

Beobachtung – das kann man erkennen
- Die Konsistenz der Farbe beeinflusst den Farbauftrag und dadurch eventuell auch die Wahl und Darstellung des Motivs.
- Von Weitem wirkt das Bild auf der Leinwand ganz anders als während des Malens von Nahem. Es lohnt sich, ab und zu einige Schritte zurückzutreten, um das entstehende Werk zu betrachten.
- Die Bilder und ihre Umgebung können auch einmal über Kopf betrachtet werden, indem die Kinder durch ihre Beine sehen.
- Manche Farben heben sich von einem farbigen Hintergrund stark ab. Andere verbinden sich sehr mit ihm und sind kaum zu sehen, was aber auch seinen Reiz hat.

2.2.7 Bilder mit Wachs anfertigen

Idee – das ist der Grundgedanke
Wachsstifte und Wachsblöcke liegen schon jüngeren Kindern gut in der Hand, sodass sie motiviert sind, mit ihnen zu gestalten. Der Strich ist weich und der Farbauftrag leicht. Auch Kinder mit motorischen Schwierigkeiten lassen sich an die Arbeit mit Wachsstiften heranführen. Eine gewisse Grobheit des Strichs lässt sie trotz eventueller Ängste zu „versagen" („Ich kann doch nicht malen bzw. zeichnen") ungehemmt zeichnen. Denn hier kommt es mehr auf die sinnliche Erfahrung des Strichs und auf die leuchtenden Farben an als auf eine „gelungene" Zeichnung. Das Zeichnen stellt sich mit der Zeit immer mehr von selbst ein und ebnet den Übergang zum Zeichnen mit Buntstiften. Hiermit ist auch eine wichtige Vorbereitung zum Schreiben geleistet.

Hinweis
Es bietet sich an, den Kindern sowohl Wachsstifte als auch Blöcke anzubieten, da sie z. B. beim Gestalten größerer Flächen mit Wachsblöcken nicht so leicht ermüden.

Durchführung – so wird es gemacht

Tipp
Für Wachsbilder eignen sich gefühlsbetonte Themen, die mit Träumen, Wünschen, Malen nach Musik u. Ä. zu tun haben.

Wachsmaltechnik kann auf unterschiedliche Weise angeboten werden.

So lassen sich z. B. schöne Effekte erzielen, indem im ersten Arbeitsschritt mit Wachskreiden gemalt wird, und im zweiten mit dünnen Wasserfarben über die Wachszeichnung gegangen wird. Dies kann sowohl mit Pinsel als auch mit Schwämmchen geschehen. Zum besseren Gelingen dieser Abperltechnik ist es wichtig, die Kinder darauf hinzuweisen, auf einen dicken Farbauftrag mit ihren Wachsstiften zu achten. Die verdünnte Wasserfarbe sollte möglichst nicht mehrmals übereinander aufgetragen werden, da sie sonst die Wachsschicht zu stark überlagert und nicht abperlen kann.

Hinweis
Für die Nass-in-nass-Technik ist festeres Papier notwendig.

Es eignet sich hier auch besonders die Nass-in-nass-Technik, bei der die Wasserfarben ineinander verlaufen. Dabei wird das ganze Blatt, nachdem die Wachszeichnung fertiggestellt ist, mit Wasser angefeuchtet und daraufhin mit den Wasserfarben bemalt. Dazu sollte das Papier vorzugsweise auf eine feste Unterlage, z. B. auf ein Zeichenbrett, gebracht werden, indem es an den Rändern mit Kreppklebeband befestigt wird.

Wachszeichnung mit Tusche kombinieren

Tipp
Mit der Wachs-Tusche-Technik lassen sich wunderschöne Karten zum Verschicken anfertigen.

Eine weitere Technik besteht in der Kombination von Wachszeichnung und schwarzer Tusche. Auch hier ist ein dicker Farbauftrag mit den Wachsstiften wichtig. Nachdem die Wachszeichnung fertig ist, wird mit einem Pinsel mit schwarzer Tusche über das Bild gemalt. Die Tusche perlt vom Bild ab und umrandet die farbige Zeichnung. Da es sich hier um eine sehr dekorative Technik an sich handelt, sind bestimmte Motive für die Zeichnung nicht notwendig. Selbst Gekritzel, Punkte oder Kringel ergeben reizvolle Bilder mit stark leuchtenden Farben. Die Tusche sollte nicht durchgängig über das Blatt verteilt sein, es wird auch dann eine wundervolle Wirkung erzielt, wenn die einzelnen Pinselstriche erkennbar sind. Es sollten also genügend unbemalte Stellen auf dem Papier bleiben.

Abb. 36: Die Wachsflächen bleiben stehen, die Tusche „springt" ab.

Material – das wird benötigt
- festes Papier oder Karton
- Wachskreiden, -blöcke, -stifte
- Wasserfarben oder schwarze Tusche
- Pinsel
- Schwämmchen

Kapitel 2 | Die gestalterische Aufgabe

Beobachtung – das kann man erkennen
- Fett und Wasser stoßen sich ab: Dazu lassen sich auch einige Versuche mit Öl durchführen.
- Die Leuchtkraft der Farben lässt sich durch Weiterverarbeitung, z. B. mit Tusche, erhöhen.
- Durch die abgeperlten Tropfen (der Wasserfarbe oder Tusche) auf der Wachsschicht entstehen neue, anregende Muster.

2.3 Malen nach verschiedenen Thematiken

Beim Gestalten nach verschiedenen Thematiken steht als ein grundlegendes Element das interdisziplinäre Arbeiten im Vordergrund. Das bedeutet, dass auf Themen, die Kinder interessieren, von verschiedenen Gesichtspunkten aus eingegangen wird. Mit naturwissenschaftlichen Experimenten, Rollenspielen, Museums- und Theaterbesuchen, Bilderkino und Büchern, Musik und Gestaltung können sich die Kinder bestimmte Themen erarbeiten.

2.3.1 Die vier Elemente einbringen: Feuer, Wasser, Erde, Luft

Idee – das ist der Grundgedanke
Mit den vier Elementen kommen Kinder ständig in Berührung. Sie bewundern ihre Kräfte, sie führen im Spiel kleinere Experimente durch, beobachten, staunen und fragen nach. Im Bereich der Gestaltung kann die Auseinandersetzung aufgenommen und kreativ umgesetzt werden. Dabei können den Kindern die Techniken freigelassen werden. Es bietet sich jedoch auch an, ihnen als Anregung einige Materialien zur Verfügung zu stellen oder eine bestimmte Technik im Zusammenhang mit einem oder mehreren Elementen einzuführen.

Tipp
Im Sitzkreis können die Kinder in einer Art Brainstorming Begriffe und Ideen sammeln, die ihnen zum jeweiligen Element einfallen. Die Erwachsenen legen einen Sammelordner oder eine Mappe mit den zusammengetragen Ideen an.

Durchführung – so wird es gemacht
Im Folgenden werden einige kreative Aktivitäten vorgestellt, die Kinder in ihrer Auseinandersetzung mit den Elementen stützen und ihre interdisziplinären Verhaltensweisen fördern.

▶ Feuer
Das Feuer taucht in allen geschichtlichen Epochen als ästhetisches Phänomen auf, so z. B. im Sonnwendfeuer, als Feuerwerk, als Rauch- oder Brandzeichen. Für Kindergartenkinder ist Feuer ein Bestandteil von Feierlichkeiten wie Advent und Weihnachten oder im Sommer bei Grillfesten.

Im Zusammenhang mit dem Feuer lässt sich das Thema „Vulkane" sowohl naturwissenschaftlich als auch gestalterisch erarbeiten, da Kinder sich für dieses Naturereignis im Allgemeinen sehr interessieren. In einem Mörser lassen sich Kohle, verbrannte Holzüberreste eines Grillabends oder gar echtes Vulkangestein zerstampfen und pulverisieren.

Abb. 37: Mit gestampfter und vermengter Erde malen

Bezug zur Kunst
Interessante Vesuvdarstellungen sind in vielen Gemälden des 19. Jahrhunderts zu finden, z. B. Gemälde von Joseph Mallord William Turner (1757–1851) oder von Johan Dahl („Ausbruch des Vesuvs" 1821 und 1823).

Hinweis
Zu den einzelnen Themen lassen sich Hefte anlegen, in die die Kinder all das dokumentieren, zeichnen, kleben und malen, was mit dem jeweiligen Element zu tun hat.

Das entstandene Farbpigment wird mit Kleister verrührt. Mit dem Pinsel oder einem Spachtel kann die entstandene Farbe vermalt werden. Der Ausbruch des Vulkans wird mit roter und gelber Abtönfarbe (oder einem anderen Farbstoff) gestaltet.

Hinweis
Die Umgebung der Künstler und Künstlerinnen sollte unempfindlich, mit Folie oder Zeitungspapieren abgedeckt oder abwaschbar sein.

Abb. 38: Spritzen und Klecksen erlaubt. Schließlich bricht so ein Vulkan auch ganz unkontrolliert aus.

Aus der gelben und roten Farbe mischen die Kinder verschiedene Rot- und Orangetöne für die Darstellung der Lava und der Feuerfunken. Die fliegenden Funken können durch Spritzen und Klecksen der Farbe erreicht werden.

Material – das wird benötigt
– Papier oder Karton
– Kohle
– Mörser
– Kleister
– Abtönfarben oder Wasserfarben
– Pinsel
– Spachtel

▶ Wasser

Material – das wird benötigt
– festes Papier
– klares Wasser
– Schwämmchen
– Wasserfarben
– Pinsel

Wird mit Wasserfarben die Nass-in-nass-Technik angewandt, so ist nach dem Trocknen des Bildes zu sehen, wie sich die einzelnen Farbpigmente aufteilen und neu verbinden.

Mit einem nassen Schwämmchen feuchten die Kinder ihre Blätter ein. Mit den Pinseln nehmen sie möglichst viel Wasserfarbe auf und lassen beim Malen die Farben stark ineinanderlaufen (s. auch unter Kap. 2.2.7).

Es ist auch möglich, zum Thema Wasser nur Blaunuancen anzuwenden. Dies könnte den Kindern als Anregung vermittelt werden.

Wasser als lebenswichtiges Element kann auf mehreren Gebieten im Kindergarten als Projekt behandelt werden. Im Bereich der Gestaltung können die Ergebnisse in einem großen Wandbild zusammengetragen werden. Dazu eignet sich eine Collage aus Zeitungsausschnitten. Bei einem Projekt, das sich über Wochen hinzieht, können die Kinder das Wandbild nach und nach ergänzen. Auch Fotodokumentationen eigener

Ausflüge oder Experimente lassen sich einbauen. Als Projektabschluss stellen die Kinder ihre Arbeiten in unterschiedlichster Weise vor: Sie führen ein kleines Theaterstück auf, spielen ein kurzes „Wasser-Konzert", stellen ihre Bilder aus, erklären das Wandbild, führen Experimente vor.

Gesprächstipp
Wozu benötigen wir Wasser?
Wo ist Wasser überall zu finden?
Wie können wir Trinkwasser sparen?
Was verschmutzt Wasser?

Abb. 39: Wasser in kunstvolle Bahnen lenken

Material – das wird benötigt
— Rückseite eines Plakates oder großen Kartons
— verschiedene Zeitschriften
— Schere
— Klebstoff

Abschluss
Eltern, Verwandte und Freunde werden zu einer vielseitigen Vorführung eingeladen.

▶ Erde

Beim Element Erde fällt die haptische Sinneswahrnehmung ins Gewicht. Erde fühlt sich sandig, bröckelig, matschig bis hin zu dickflüssig an. Die Kinder probieren die unterschiedlichen Konsistenzen aus, indem sie Erde z. B. einfach mit Wasser vermengen, in der Sonne trocknen lassen, formen oder zerstampfen. Mit unterschiedlichen Erdsorten stellen sie selbst angerührte Farben her (s. unter Kap. 2.1.4).

Jedoch auch unsere Erde, die Welt, lässt sich als Thema aufnehmen und auf verschiedene Weise gestalten. So kann eine Erde aus Pappmaschee, als Papier- oder Styroporkugel gebildet werden. Mit farbigen Papieren kleben die Kinder Teile für die Meere und Teile für die Kontinente an. Dann zeichnen sie auf, in welchem Teil der Welt ihre Verwandten, Freunde oder sie selbst geboren sind, um möglichst viele Punkte auf der Erde zu kennzeichnen. Sie können Pfeile an die Punkte kleben und mit den jeweiligen Namen versehen. Ist der Erdball groß genug, ist es auch möglich, Fotoporträts anzubringen.

Schließlich wird an der Kugel ein Haken oder eine Öse befestigt, durch die eine Schnur führt, und die „Erde" für alle sichtbar an der Decke befestigt.

Abb. 40: Unsere Erde

Material – das wird benötigt
– eine leichte Kugel
– verschiedenfarbige Papiere
– Schere
– Klebstoff
– Stifte
– 1 Haken
– Schnur

▶ Luft

Zum Thema Luft bietet es sich an, die Technik von Pustebildern vorzustellen.

Achtung!
Zu intensives Pusten macht schwindelig: Es sollten immer wieder Pausen dazwischenliegen, z.B. während neue Farbe angerührt und aufgetragen wird.

Die Kinder rühren sich stark flüssige Farben an, die sie in Pipetten aufziehen oder mit großen Pinseln aufnehmen. Dazu eignen sich Wasserfarben, Gouachen oder Abtönfarben. Sie tropfen oder drücken viel flüssige Farbe auf ein Blatt Papier und pusten mit dem Strohhalm die Farbe in verschiedene Richtungen über das Papier.

Werden z.B. nur die Grundfarben benutzt und von den Ecken des Blattes aus in die Mitte gepustet, so vermischen sie sich dort zu neuen Farbnuancen.

Abb. 41: Durch Pusten gelenkte Bahnen

Material – das wird benötigt
– Papier
– Wasserfarben, Gouache oder Abtönfarben
– Pipetten oder kleine Döschen (z.B. Filmdosen)
– Strohhalme

Beobachtung – das kann man erkennen
- Die Elemente lassen sich zum Gestalten unmittelbar als „Material" einsetzen: Das Wasser lässt die Farben flüssig und vermalbar werden. Die Luft trocknet sie oder lenkt sie in bestimmte Bahnen. Durch im Feuer verbranntes Holz entsteht Kohle, mit der sich zeichnen lässt. Erde lässt sich formen oder zu Farbstoff anrühren.

Anregungen – das kann Kinder aktivieren
- Es lässt sich ein Bezug zur Musik herstellen, indem die Kinder Geräusche zu den einzelnen Elementen versuchen nachzuahmen, mit dem Mund, dem Körper oder auch mit einfachen Musikinstrumenten wie Klanghölzern, Trommeln und Rasseln. Außerdem sind in der Musik anregende Stücke zu finden, die sich entweder direkt auf ein Element beziehen oder an eines denken lassen (s. auch unter Kap. 2.3.2). Zum Thema „Wasser" z. B. eignet sich für Kinder „Die Moldau" von Smetana, bei der sich die einzelnen Stationen der Moldau nachvollziehen lassen.

Bezug zur Kunst
In zahlreichen Bereichen der bildenden Kunst sind vielfältige Beispiele zu finden, in denen sich Künstler mit den vier Elementen auseinandergesetzt haben. Ein sehr bekanntes Beispiel sind die Werke des italienischen Malers Giuseppe Arcimboldo. Seine Gemälde zu den vier Elementen sind wahre Suchbilder. So gestaltete er „Wasser" (1566) mithilfe vieler Wasserlebewesen, die zusammen einen Kopf ergeben. Auf dem Bild „Feuer" bilden (1566) Licht- und Feuerquellen den Kopf, auf „Erde" (ca. 1570) sind Tiere zu sehen, die auf dem Land leben; „Luft" (Entstehungsjahr unbekannt) besteht aus vielen Vogelarten. Die Gemälde Arcimboldos sind sehr fantasievoll und gleichzeitig fantasieanregend. (Die Gemälde Giuseppe Arcimboldos sind zu sehen und auszudrucken unter: http://www.abcgallery.com/A/arcimboldo/arcimboldo.html).

Giuseppe Arcimboldo
Arcimboldo wurde 1527 in Mailand geboren. Er arbeitete als Hofmaler für den österreichischen Kaiser Ferdinand I. in Wien, später am Hofe Kaiser Rudolfs II. in Prag. Er wurde auch der „Zaubermaler" genannt, weil seine Werke die Betrachter in eine magische Welt entführen. Er kehrte in den letzten Jahren seines Lebens nach Mailand zurück, wo er 1593 starb.

2.3.2 Gefühle gestalterisch umsetzen

Die Kunst ist eine Vermittlerin des Unaussprechlichen.
Johann Wolfgang von Goethe, u. a. Dichter, Dramatiker und Naturwissenschaftler (1749–1832)

Idee – das ist der Grundgedanke
In Kinderzeichnungen drückt sich aus, wie Kinder ihre (Um-)Welt erleben. Daher sind ihre Gefühle auch immer mit einbegriffen. Sie bringen Gefühle zum Ausdruck, die sie nicht in Worte fassen können oder auch nicht möchten. Bei der gezielten Umsetzung von Stimmungen geht es in erster Linie darum, den Kindern für die Zukunft Mittel in die Hand zu geben, sich gestalterisch frei und unmittelbar auszudrücken.

Mit Geschichten Gefühle erforschen
Gehörte Geschichten regen Kinder immer wieder zu eigenen Interpretationen und Gestaltungen an. So lässt sich direkt ans Vorlesen im Kindergarten eine Zeichen- und Malphase anschließen. In diesem Zusammenhang eignen sich auch sehr gut „musikalische" Geschichten wie beispielsweise „Peter und der Wolf" von Sergej Prokofjew (Angst, Aufregung, Überwindung der Angst), „Karneval der Tiere" Camille Saint-Saëns (Fröhlichkeit), Kinderlieder wie „Die Vogelhochzeit" (Freude), „Ein Männlein steht im Walde" (Einsamkeit) oder „Lasst uns froh und munter sein" (Vorfreude).

Durchführung – so wird es gemacht
Die Kinder setzen unmittelbar ihre Eindrücke und Stimmungen um, die durch die Geschichte ausgelöst wurden. Überlassen sie die Technik den Kindern oder kündigen Sie vorher an, dass an diesem Tag mit Wasserfarben gemalt oder mit Buntstiften gezeichnet wird.

Nach dem Zeichnen und Malen legen oder hängen die Kinder ihre Bilder aus. Es bleibt ihnen selbst überlassen, inwieweit sie sich zu ihren Werken äußern. Sie können die Farben oder bestimmte Motive erläutern oder aber auch etwas zu ihrer Stimmung erzählen.

Material – das wird benötigt
– Papier
– Zeichen- und Malmaterial
– Geschichten zum Erzählen und Vorlesen

Hinweis
Es sollte vermieden werden, etwas in die Bilder hineinzuinterpretieren oder Bemerkungen zu äußern wie: „Damit wolltest du doch bestimmt ausdrücken, dass …". Die Kinder sollten die Möglichkeit bekommen, dass sich die Erwachsenen ihren Bildern unvoreingenommen nähern.

Kapitel 2 | Die gestalterische Aufgabe

Malen nach Musik

Gerade die klassische Musik hat vielfältige Musikbeispiele zu bieten, die unterschiedliche Emotionen auslösen. So müssen Glücksgefühl, Fröhlichkeit, Wut oder Trauer nicht unbedingt gegenständlich ausgedrückt werden, indem z. B. eine lachende oder weinende Gestalt gezeichnet wird. Die innere Bewegung, die durch Musik ausgelöst wird, tragen die Kinder nach außen, übertragen sie als Farbe und Strich aufs Papier.

Durchführung – so wird es gemacht

Hinweis
Bevor die Kinder anfangen zu malen, sollte gemeinsam überprüft werden, ob die benötigten Materialien vollständig sind, sodass es während der Musik zu keiner Unterbrechung kommt.

Beim ersten Mal malen die Kinder für sich allein nach Musik. Die Aufgabenstellung bleibt offen. Einiges an Material wird ihnen zur Verfügung gestellt oder aber sie werden aufgefordert, sich ihr gewünschtes Material selbst zusammenzutragen. Haben alle Kinder ihre Plätze eingenommen (am Tisch oder auf dem Fußboden), stellt ein Erwachsener die Musik an.

Die Kinder fangen spontan an zu malen. In großräumigen Bewegungen werden ihre Kreise, Schwünge und Linien von der Musik bestimmt.

Abb. 42: Vivaldis „Herbst", umgesetzt in temperamentvolle Striche, Punkte und Linien.

Zum Malen nach Musik eignen sich beispielsweise „Eine kleine Nachtmusik" und „Rondo" aus dem Violinkonzert N° 5 in A Dur (3. Satz) von Mozart, ein Stück aus „Die vier Jahreszeiten" von Vivaldi, „Die Moldau" von Smetana oder auch der 1. Satz der 6. Sinfonie („Pastorale") von Beethoven.

Tipp
Die Kinder können dazu aufgefordert werden, beim Jazz auf einzelne Töne und auf den Rhythmus zu achten. Zur Umsetzung der Rhythmen eignet sich das Pünkteln, Tupfen und Klopfen mit den Stiften oder Pinseln.

Als vorwiegend rhythmische Musik können kurze Beispiele aus dem Jazz oder Swing gewählt werden, hier können im Gegensatz zur klassischen Musik andere Techniken ausprobiert werden. Bei einem Jazzstück bietet es sich an, den Kindern erst einmal das ganze Stück vorzuspielen. Dabei legen sich die Kinder verteilt im Raum hin und hören konzentriert zu. Beim zweiten Hören lassen die Kinder ihre hervorgerufene Stimmung aufs Blatt treten.

Ähnlich wie bei den „Atembildern" (s. unter Kap. 2.5.2) folgen die Kinder während des Malens der Musik, was sich an ihren Linien und Schwüngen zeigt.

Material – das wird benötigt

– große Papiere oder Karton
– Wachsmalstifte oder dicke Buntstifte
– eventuell Pinsel und Wasserfarben oder Gouache

Kapitel 2 | Die gestalterische Aufgabe

Beobachtung – das kann man erkennen
- Was der eine als traurige Musik empfindet, interpretiert jemand anderes vielleicht als heiter.
- Farben, die manche für Trauer oder Wut wählen, empfinden andere eventuell als lustig, fröhlich oder freundlich.

Malen mit Kleister
Wird Kleister mit Lebensmittelfarbe angerührt, so lassen sich die Bewegungen der Kinder leicht und ungehemmt über das Blatt führen. Es braucht dazu jedoch ein festes Papier als Untergrund.

Abb. 43: Erst genau hinhören, dann loslegen …

Bezug zur Kunst
Nicht durch Musik zu Bildern animiert, sondern durch eine Ausstellung zu Musik angeregt, komponierte Modest Mussorgsky 1874 „Bilder einer Ausstellung". Nachdem sein Freund, der Architekt und Zeichner Victor Hartmann, 1873 gestorben war, arrangierte Mussorgsky zum Gedenken an den Künstler eine Ausstellung mit dessen Werken, Illustrationen und Zeichnungen. Diese regten den Komponisten zu einer Klaviersuite an, die sich auf zehn Bilder der Ausstellung bezieht. Die einzelnen Bilder werden wiederholt mit dem musikalischen Thema der „Promenade", also dem Gang durch die Ausstellung vergleichbar, miteinander verbunden.

Unter http://www.russisches-musikarchiv.de/bilder.htm sind sowohl die zehn Werke Hartmanns zu sehen als auch die Klavierstücke Mussorgskys zu hören.

Modest Mussorgsky
Der russische Komponist wurde 1839 in Karewo, Oblast Pskow, geboren. Bekannt wurde er durch seinen Klavierzyklus „Bilder einer Ausstellung" und einige Opern, darunter „Boris Godunow" (nach dem gleichnamigen Drama von Alexander Puschkin). Er starb 1881 in Sankt Petersburg.

2.3.3 Gemeinsame Erlebnisse bildnerisch umsetzen

Idee – das ist der Grundgedanke
Ein Theater-, Museums- oder Zoobesuch kann ein Malprojekt mit einbeziehen oder einleiten. Die Themen, die mit dem Besuch in Zusammenhang stehen, werden von den Kindern herausgearbeitet, sodass sich für die Erwachsenen ergibt, welche Schwerpunkte die Kinder besonders interessieren.

Tipp
Gemeinschaftlich Entscheidungen treffen.

Durchführung – so wird es gemacht
Hat man sich auf ein übergeordnetes Thema geeinigt, können die jeweiligen Techniken dazu ausgewählt werden. Dabei sollte beachtet werden, ob es sich um ein Thema handelt, das eher die Gefühlswelt oder eher naturwissenschaftliches Wissen anspricht, um zu entscheiden, welche Techniken infrage kommen. Manche Erlebnisse lassen sich besser gemeinsam gestalterisch umsetzen, andere individuell verarbeiten und bildnerisch ausdrücken.

Kapitel 2 | Die gestalterische Aufgabe

Zeichnen im Zoo

Ein Zoobesuch kann mit dem Nähen eines eigenen kleinen Heftes vorbereitet werden, in dem die Kinder später vor Ort im Zoo zeichnen. In Dosen oder Schachteln wird das Zeichenmaterial zur Verfügung gestellt: Bleistifte, Bunt-, Wachsmal- und Grafitstifte.

Im Kindergarten sehen sich die Kinder ihre Zeichnungen und Skizzen an und wählen sich eine oder mehrere aus, die sie in einer bestimmten Technik umsetzen möchten:

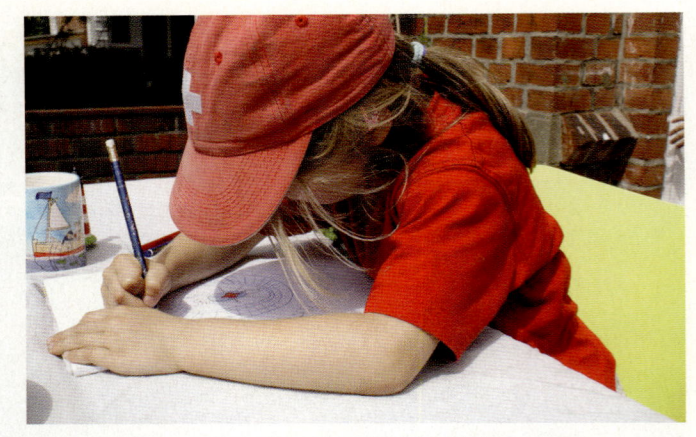

Abb. 44: Draußen zu zeichnen hat einen besonderen Reiz.

Reizvoller Gesamteindruck
- Tiere in Bewegung, in ihrem Umfeld oder in größeren Scharen oder Horden lassen sich leicht mit Spritztechnik darstellen. Die Schablonen für die Tiere können von älteren Kindern angefertigt werden (s. unter Kap. 2.1.6).

Für Vorschulkinder
- Die verschiedenen Fußspuren von Tieren können von den Kindern untersucht und verglichen werden. Einige Fußspuren, die sie besonders beeindrucken, versuchen sie nachzuzeichnen, auszuschneiden und verwenden sie als Schablonen, um dann die Technik der Frottage anzuwenden (s. unter Kap. 2.2.3).

Gruppenarbeit, altersübergreifend
- Eine große Gemeinschaftsskulptur herstellen oder, wenn mehrere Kindergartengruppen zusammenarbeiten, einen kleinen „Skulpturenpark" anlegen, z. B. mit Figuren aus Lehm (s. unter Kap. 2.9.3). Für die jüngeren Kinder sind eher die kriechenden Tiere wie Krokodile, Schlangen und Schildkröten günstig zu formen. Mit Muscheln, Steinchen und Stöckchen werden die Tiere verziert.

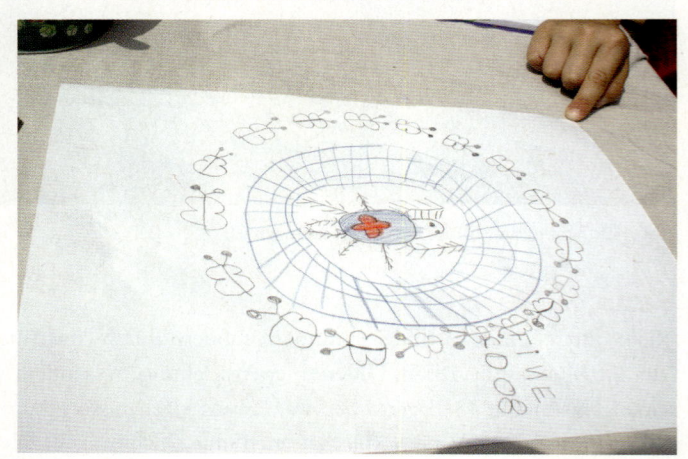

Abb. 45: Auch das Betrachten einer Spinne im Spinnennetz regt zum Zeichnen an: Der schöne Schmetterling geht ihr nicht ins Netz ...

Eindrücke eines Theaterbesuchs umsetzen

Die Eindrücke eines Theaterbesuchs sind meist sehr persönlich und dementsprechend individuell werden auch die Bilder der Kinder dazu ausfallen. Jedes Kind fühlt sich von einer bestimmten Szene besonders angesprochen und setzt diese in eigene Farben, Technik und Formen um.

Hier lässt sich ein Besuch auch gemeinschaftlich ins Bild bringen.

Ein Wandbild gestalten
- Die Kinder besprechen miteinander, welche Szene oder Figur des gesehenen Theaterstücks sie jeweils beeindruckt hat, und teilen diese als „Arbeitsauftrag" untereinander auf. Sie einigen sich auf einige Techniken bei der Gestaltung und entwerfen ihre eigenen Blätter, an denen sie auch zu dritt oder viert zusammenarbeiten können. Diese werden schließlich zu einem großen Wandbild zusammengefügt. Bei der Betrachtung des Wandbildes fallen vielleicht noch einige Stellen auf, die die Kinder ergänzen möchten. Das Ganze kann als Projekt über mehrere Tage laufen. So muss nicht unbedingt ein offizieller Abschluss des Gemeinschaftsbildes festgelegt werden, sondern das Vorhaben kann über einige Wochen im Status eines „Work in progress" bestehen bleiben.

Figuren modellieren
- Die Figuren des Theaterstücks, die die Kinder am meisten berührt haben, werden modelliert (hierzu können verschiedene Techniken angewandt werden, s. unter Kap. 2.9) und schließlich gemeinsam präsentiert. Dazu eignen sich auch Figuren aus einer Modelliermasse, die einfach an der Luft trocknet und schließlich bemalt wird, sodass z. B. der Eindruck von Kostümen vermittelt wird.

Kapitel 2 | Die gestalterische Aufgabe

In einer „Mischtechnik" lassen sich einfache, aber ausdrucksstarke Figuren formen. So wird als Unterbau eine alte Zahnbürste verwendet, deren Stil in einen Sockel aus Knetmasse gesteckt wird. Um den Zahnbürstenkopf wird weiße Modelliermasse geformt, die trocknen muss. Auf den getrockneten Kopf malen die Kinder ein Gesicht und Haare. Mit Stoffresten schneiden sie einen Umhang zu, der als Kleid um die Zahnbürste herumdrapiert und mit Klebstoff oder einer Schnur befestigt wird (s. Abb. 46).

Eine kleine Bühne für die Figuren kann mit einem aufgeklappten (offener oder angeklebter Deckel) Pappkarton gebaut werden. Die Kinder wählen Hintergründe aus Zeitschriften oder selbst gestaltete aus und kleben sie in den Karton.

Material – das wird benötigt
Knete
eine alte Zahnbürste
Modelliermasse
Temperafarben, Gouache oder Abtönfarben
Stoffreste

Abb. 46: Eine „Zahnbürstenfigur" vor geklebtem Hintergrund

Ein eigenes Theaterstück aufführen

- Angeregt durch Theaterbesuche denken sich die Kinder Kostüme aus unterschiedlichsten Materialien aus. Aus Stoff- und Papierresten, alten Kleidungsstücken und Accessoires entwerfen sie ihre eigenen Verkleidungen und helfen sich gegenseitig. Durch eine Fotodokumentation werden die Ideen festgehalten, um später die Entwürfe nachvollziehen zu können. So können mithilfe der Erwachsenen Kostüme für ein eigenes Theaterstück entstehen.

- Ein Naturstück, Blumenkinder, Trolle, Feen, Höhlenmenschen, wie haben die sich gekleidet? Was finden wir in der Natur für Materialien, mit denen wir uns verkleiden können? Wie haben sich die Menschen früher gekleidet? Die Kinder gehen ins Außengelände, in den Garten, Park oder Wald und suchen die größten Blätter, die sie finden können. Mit langen Gräsern, Schilfblättern oder Lianen von Trauerweiden binden sie sich die gefundenen Blätter um den Körper, setzen sich eine Baumrinde, Blüten oder Federn als Schmuck auf den Kopf.

- Selbst das Bühnenbild lässt sich eigenständig von Kindern gestalten. Eine mit festem, dickem Papier verhangene Wandfläche gibt den Bühnenhintergrund, vor dem die Kinder ihr Stück aufführen. Mit breiten Pinseln, kleinen Rollen, Spachteln und Fingerfarben malen sie ein riesiges Bühnenbild. Dieses wird erst umgesetzt, wenn die Kinder ihr Stück schon sehr gut kennen und ein wenig eingeübt haben, sodass sie entscheiden können, welche Farben und Motive auf dem Bühnenbild zu sehen sein sollten.

Kostüme entwerfen

In einem Blätterkleid

Aufführung mit eigenem Bühnenbild planen

Abb. 47: Gut getarnt: zu Zeiten der Jäger und Sammler …

Kapitel 2 | Die gestalterische Aufgabe

Impressionismus (lat. impressio = Eindruck) Stilrichtung des späten 19. Jahrhunderts, die von Frankreich ausging. Wichtige Vertreter sind z. B. Monet, Renoir, Degas und Pissarro (s. auch Kap. 2.4.5).

Bezug zur Kunst
Hinweis auf die Impressionisten: raus in die Natur, vor Ort malen! Es geht um das Einfangen sensueller Eindrücke, nicht um die naturgetreue Abbildung. Nicht das Objekt als solches, sondern seine Erscheinung in der subjektiv wahrgenommenen Welt des Betrachters bringen die Impressionisten zum Ausdruck.

Beobachtung – das kann man erkennen
- Verschiedene Tierdarstellungen aus der Kunstgeschichte verdeutlichen den Kindern die vielfältigen Möglichkeiten der bildnerischen Umsetzung.
- Theater- und Konzertbesuche haben Künstler seit jeher beeindruckt und zu ihrer eigenen künstlerischen Arbeit angeregt. Viele bekannte Stücke wie z. B. „Die Zauberflöte" von Mozart sind auf verschiedenste Weise aufwendig illustriert zu finden.

2.3.4 Träume ins Bild bringen
Alle Menschen träumen, aber nicht jeder erinnert sich an seine Träume. Einige bildende Künstler haben vor allem im letzten Jahrhundert versucht, ihre Träume nicht nur zu erinnern, sondern in Bilder umzusetzen, Komponisten in Musik, Dichter in Poesie.

Idee – das ist der Grundgedanke
Es gibt Tag- und Nachtträume. Durch eine Traumreise oder durch Musik lassen sich Kinder in eine Stimmung bringen, in der sie sich an ihre Träume erinnern oder Tagträume träumen. Mit Pinsel und Farben können sie ihre erträumten Eindrücke aufs Papier bringen. Die Intimität ihrer Träume wird dabei respektiert und ihre Individualität beachtet und wertgeschätzt.

Durchführung – so wird es gemacht

Meditative Stimmung durch Vorlesen

Bei einer „Traumreise" legen sich alle Kinder im Raum verteilt in Kissen oder auf Decken. Der Raum kann ein wenig abgedunkelt oder mit farbigem Licht leicht beleuchtet werden. Die Erzieher/-innen suchen einen Text aus, der zum Träumen anregt und in der Vorstellung der Kinder zu einer Bilderreise anregt. Der Text sollte Bezug zur Alltagswelt der Kinder haben, zu einem gerade besprochenen Thema oder zu einem Bilderbuch, das in letzter Zeit gemeinsam gelesen wurde. Er sollte mit ruhiger, gleichmäßiger Stimme vorgetragen werden, Pausen beinhalten und nicht länger als fünf Minuten dauern. Es kann sich auch um eine altersgerechte Beschreibung einer Landschaft handeln.

Abschließend kann leise Musik den Übergang zum Malen einleiten.

Auf großen Blättern, deren Format nicht einengt, versuchen die Kinder, mit Wasserfarben oder Wachsstiften ihre Träume, Stimmungen und Gefühle zu malen.

Gesprächstipp Welcher Unterschied besteht zwischen Tag- und Nachtträumen? Wie schlägt sich das in den Bildern und Zeichnungen nieder?

Die Kinder werden dazu angeregt, die Atmosphäre und die Gefühle ihres erinnerten Nachttraums in Farben umzusetzen und auf einem großen Blatt Papier in eine Farbkomposition zu bringen. Als Technik hierzu eignen sich Wasserfarben, Tempera oder Gouache, da es nicht darum geht, gegenständlich zu werden. Besonders die Nass-in-nass-Technik bringt träumähnliche Ergebnisse hervor.

Material – das wird benötigt
- Texte, die zum Träumen anregen
- Kissen, Matratzen und Decken zum Kuscheln
- ruhige Musik
- Papier
- Pinsel und Farben

Tagträume
Tagträume lassen sich auch als Wunschträume ins Bild bringen. Die Themen der Wunsch- und Tagträume sollten den einzelnen Kindern frei überlassen werden. Das gilt auch für die Technik. Manche Kinder zeich-

nen ihre Vorstellungen ganz genau auf. Im Sitzkreis können sie, wenn sie mögen, ihre Bilder vorstellen und erklären (s. Abb. 48 und 49).

Abb. 48: „Mein Hochbett hat hier einen Fahrstuhl, falls die Treppe mal kaputt ist!"

Bezug zur Kunst

Ein sehr einprägsames Beispiel der Kunstgeschichte zum Thema ungegenständliche Malerei sind die „Improvisationen" des Malers und Grafikers Wassily Kandinsky. Sie drücken unbewusste, plötzlich entstandene innere Bilder aus und stehen im engen Zusammenhang mit unmittelbarer musikalischer Erfahrung.

> *Die Farbe ist die Taste. Das Auge ist der Hammer. Die Seele ist das Klavier mit vielen Saiten.*
> Wassily Kandinsky, Über das Geistige in der Kunst, 1912

Kandinskys geometrische Figuren kommen immer wieder in seinen abstrakten Bildern vor und dabei fällt auf, dass bestimmte Figuren sogar wiederholt in einer ähnlichen Farbgebung auftauchen, so z. B. das spitze gelbe Dreieck.

Kandinskys Bilder lassen sich wunderbar als Ausgangspunkt für den Umgang mit geometrischen Figuren einsetzen. So können z. B. Kreise, Drei- und Vierecke aus farbigem Tonpapier ausgeschnitten und für großzügige Collagen verwendet werden. Dabei sollte jede geometrische Figur in verschiedenen Farben angeboten werden, sodass die Kinder in sich „hineinhorchen" können, welche Farbe sie zur jeweiligen Figur als passend empfinden.

Anregungen – das kann Kinder aktivieren

Kandinsky wuchs als Kind in Moskau/Russland auf und fuhr oft mit seiner Großmutter aufs Land. Wenn er abends müde von diesen Tagesausflügen zurückkam, träumte er im halbwachen Zustand von den Dingen, die er gesehen hatte, die sich im Übergang zum Schlaf in Farben und Formen auflösten und vor seinem inneren Auge herumwirbelten. In Erinnerung an diese imaginären Traumbilder malte er später seine ersten abstrakten Bilder, die „Improvisationen". In seinen Tagträumen verdichteten sich ebenso seine Nachtträume zu Bildern.

Als Kandinsky 1911 zum ersten Mal in einem Konzert Schönbergs Musik hörte, malte er daraufhin sofort ein Bild, das während des Konzertes vor seinem inneren Auge entstanden war. Kandinsky konnte Farben „hören" und Töne „sehen" (Stichwort „Synästhesie"). Seine Farben sind hell und dunkel, laut und leise,

Wassily Kandinsky 1866 in Moskau geboren, studierte ab 1900 an der Kunstakademie München. Seine ersten abstrakten Ölgemälde entstanden nach einem Konzertbesuch des Komponisten Arnold Schönberg. Beide gelten als bekannte Synästhetiker (s. unter Kap. 2.4). Kandinsky starb 1944 in Paris.

Tipp
Informationen zu den Künstlern, zu ihrer Kindheit und ihrem Werdegang (Erfolge und Misserfolge) als Künstler vermitteln den Kindern einen weiteren emotionalen Zugang zu den Kunstwerken.

schwach und kräftig, sie drücken verschiedene Klänge aus und fügen sich zusammen zu einem Konzert. Ein Bild kann man also nach Kandinskys Erfahrung auch „hören" wie ein Musikstück. In unserer Sprache drückt sich solch eine Verwandtschaft in Begriffen wie „Bildkomposition" oder „Farbtöne" aus.

Beobachtung – das kann man erkennen
- Manche Menschen sehen zu bestimmten Tönen Formen; oder sie sehen sogar zu Wochentagen Farben vor sich. Zu Temperaturen oder Jahreszeiten hören sie hohe (helle) oder tiefe (dunkle) Töne.

Abb. 49: Tim, „Ganz viel Sommer", Tempera auf Leinwand

2.4 Farbenlehre: eine Einführung

Stichwort Synästhesie
Synästhetiker sehen beispielsweise zu einem Ton eine bestimmte Farbe und verbinden mit einer Farbe eine Form und bestimmte Düfte oder Temperaturen. Der Maler und Grafiker Wassily Kandinsky und der Komponist Arnold Schönberg sind bekannte Beispiele für Synästhetiker.

Je nach dem Alter der Kinder ist ihre Wahrnehmung von Farben unterschiedlich intensiv und differenziert. Zunächst nehmen sie meistens Farben mit Signalwirkung wie Rot und Orange besonders deutlich wahr. Nach und nach nehmen sie andere Farben immer öfter bewusst in Gebrauch, weil diese in ihrer Umgebung häufig vorkommen oder weil es sich um die Lieblingsfarben von Menschen handelt, die sie schätzen.

Bei der Beschäftigung mit Farben tauchen Fragen auf, die sich mit bestimmten Gefühlen, Stimmungen und Assoziationen auseinandersetzen: Haben bestimmte Farben für uns eine Bedeutung? Wie empfinden wir sie? Farben sprechen alle unsere Sinne an, wir sehen sie nicht nur, sondern können sie zum Teil auch hören, tasten und fühlen, schmecken und riechen.

Die Kinder suchen sich eine „Farbe der Woche" aus. Alle möglichen Gegenstände können zusammengesammelt werden; dabei werden benachbarte Farbnuancen ausgekundschaftet. Außerdem können die Kinder im Kleiderschrank nach geeigneten Kleidungsstücken und Stoffen suchen: „Ich kleide mich in der Farbe der Woche!"

Ein besonders sinnliches Vergnügen ist ein „Farbbüfett". Hier dürfen die Farben erschnuppert und probiert werden. Mit verbundenen Augen können die Dinge zunächst ertastet, dann erschnüffelt und schließlich geschmeckt werden. Ein besonderer Clou ist es, im Anschluss an solch ein farbenfrohes Büfett Lebensmittel mit unschädlicher Lebensmittelfarbe so verfremdet einzufärben, dass es die Erwartung des Gaumens irritiert, z. B. bunte Brötchen oder eingefärbter Quark.

2.4.1 Farbkreise kennenlernen

Idee – das ist der Grundgedanke
Der Farbkreis von Johannes Itten zeigt auf nachvollziehbare Weise die Anordnung von Grund- und Mischfarben, die aus den jeweiligen Grundfarben entstehen.

Die Auseinandersetzung mit dem Farbkreis ermöglicht Kindern, Farben sowohl sprachlich als auch in ihrer praktischen, gestalterischen Umsetzung eigenständig zu verwenden.

Tipp für Farbspiele
Ich sehe was, was du nicht siehst.
Ein Farbgedicht in Elfchenform ausdenken.
Ein Bild in nur einer Farbe mit all seinen Nuancen malen.

> *Rot*
> *Leuchtendes Feuer*
> *Viel Holz durcheinander*
> *Kinder laufen im Kreis*
> *Geburtstag*
> (Beispiel für „Elfchen" von Jonas, 6 Jahre)

Aus den drei Grundfarben Rot, Gelb und Blau lassen sich die Sekundärfarben Orange, Grün und Violett mischen. Zusammen ergeben sie die komplementären Farbenpaare Gelb – Violett, Orange – Blau, Rot – Grün. Bei den Primärfarben Ittens handelt es sich um mittlere Farbtöne, d. h., dass ein mittleres Gelb weder rötlich noch grünlich sein darf, das Rot weder gelblich noch bläulich, das Blau weder grünlich noch rötlich.

Für die Kinder bedeutet das, mit nur drei Farben weitere Farbtöne zum Malen eigenständig hervorbringen zu können. Werden zum Mischen die Nicht-Farben Schwarz und Weiß hinzugenommen, so entstehen weitere Farbnuancen (s. unter Kap. 2.4.5).

Ideen für Gesprächsanlässe
Ich sehe Rot.
Ich sehe Schwarz.
Jemand ist noch grün hinter den Ohren.
Jemand ist blau.
Blau machen.
Jemand ist vor Neid ganz gelb.
Die Welt durch eine rosa Brille sehen.
Auf rosa-roten Wolken schweben.

Abb. 50: **Farbkreis nach Johannes Itten (1888–1967)** (s. auch Anhang, S. 127)

Durchführung – so wird es gemacht
Zu Beginn der Auseinandersetzung mit dem Farbkreis können die Kinder im Kindergarten auf die Suche nach vorher gewählten/abgesprochenen Farben gehen. Je mehr sie sich mit Farben beschäftigen, desto besser erkennen sie die einzelnen Abstufungen der jeweiligen Farben.

In geordnete Farbhaufen können sie dann die gesammelten Gegenstände einordnen und gemeinsam besprechen. Bei dieser Aufteilung wird ihnen schon bewusst werden, dass es anfangs nicht einfach ist, alle farbigen

Hilfe durch Erwachsene

Kapitel 2 | Die gestalterische Aufgabe

Gegenstände zuzuordnen. Es wird ihnen auffallen, dass es „einfachere" und „schwierigere" Farben gibt, die letzteren gehören erfahrungsgemäß zu den Mischfarben oder zu den getrübten, gebrochenen Farbtönen (z. B. durch Schwarz abgedunkelt).

Gemeinschaftliches Erforschen und Erkennen

Besitzen die Kinder schon einige Erfahrung mit dem Farbkreis, können sie aus Zeitschriften Farbflächen heraussuchen und ausschneiden, die sie dann jeweils dem Farbkreis zuordnen. Dazu kann in Gemeinschaftsarbeit ein großes Wandbild entstehen, indem die einzelnen Farbfelder angeordnet aufgeklebt werden. So empfinden sie den Farbkreis aktiv nach, ohne Flächen mühsam ausmalen zu müssen.

Tipp
Mit den Farben ihrer Malkästen können die Kinder einen Regenbogen in allen sieben Regenbogenfarben malen (Rot, Orange, Gelb, Grün, Türkis, Blau und Violett), die wie im Farbkreis ineinander übergehen.

Material – das wird benötigt
- Abbildung eines einfachen Farbkreises (im Anhang, s. S. 128)
- Papier (für das Wandbild großes Format)
- alte Zeitschriften mit farbigen Abbildungen
- Schere
- Klebe
- Wasserfarben
- Pinsel
- Gläser oder Becher für Wasser

Beobachtung – das kann man erkennen
- Aus den drei Grundfarben Rot, Gelb und Blau lassen sich eine Unmenge anderer Farben mischen.
- Alle zusammen ergeben immer wieder Grau-Braun (bei sehr guten, reinen Pigmenten nahezu Schwarz).

2.4.2 Die gegenteilige Farbe herausfinden

Idee – das ist der Grundgedanke

Für ältere Kinder

Das Auge verlangt zu einer gegebenen Farbe gleichzeitig (simultan) die Komplementärfarbe und erzeugt sie selbstständig, wenn sie nicht vorhanden ist. Diese Farbempfindung entsteht im Auge des Betrachters und ist nicht real vorhanden. Das bedeutet, dass die Wirklichkeit einer Farbe nicht immer identisch mit ihrer Wirkung ist. Dieser Vorgang wird *Simultankontrast* genannt.

Tipp
Die Sekunden, in denen die Kinder konzentriert auf eine Farbe sehen, können sie im Chor zählen. Zwischen einem Versuch und dem nächsten schließen alle für eine Zeit lang die Augen, um auszuruhen.

Sieht man beispielsweise längere Zeit (es reichen in der Regel zehn bis zwanzig Sekunden) auf eine rote Farbfläche, die möglichst von einer weißen Fläche umgeben ist, und sieht anschließend auf eine weiße Fläche, so entsteht vor dem Auge die gleiche Form der Farbfläche in der Komplementärfarbe Grün, das sogenannte Nachbild.

Durchführung – so wird es gemacht
Zu diesem Versuch können viereckige Farbfolien auf ein weißes Blatt Papier gelegt werden. Die Kinder sehen, ohne die Augen zu bewegen, ausschließlich die leuchtende Farbe der Folie an, nehmen sie nach etwa zehn Sekunden schnell vom Blatt und gucken dieses (oder eine andere weiße Fläche) weiter intensiv an. Auf dem weißen Blatt erscheint vor ihrem Auge ein viereckiger Lichtfleck in der Gegenteilfarbe der Farbfolie. Nun wählen die Kinder die als Lichtfleck gesehene Komplementärfarbe unter den anderen Farbfolien aus und legen sie zu der ersten.

Buchtipp
Ein sehr empfehlenswertes Buch ist Hallo, roter Fuchs *von Eric Carle. Carle bindet die Farben mit ihren Gegenteilfarben in eine Geburtstagsgeschichte ein. Um dieses Buch zu lesen, braucht es helles Licht, einen ruhigen Ort und Zeit.*

Auf diese Weise erforschen die Kinder eigenständig die jeweiligen Komplementärfarben:
- Rot : Grün (bestehend aus Blau und Gelb)
- Gelb : Violett (bestehend aus Rot und Blau)
- Blau : Orange (bestehend aus Gelb und Rot)

Zum Abschluss des Versuchs legen die Kinder mit ihren Farbfolien einen eigenen Farbkreis, bei dem sie darauf achten können, die Grundfarben genau gegenüber der jeweiligen Gegenteilfarbe zu platzieren.

Material – das wird benötigt
- weißes Papier
- Farbfolien (möglichst leuchtend) in Rot, Gelb, Blau, Grün, Orange und Violett, in kleine Quadrate geschnitten (3 x 3 cm)

Kapitel 2 | Die gestalterische Aufgabe

Farbige Schatten werfen

Wie sieht euer Schatten aus? Hat er eine Farbe? Den Kindern wird Zeit gegeben, sich mit Schatten auseinanderzusetzen. Anschließend wird ihnen ein Versuch präsentiert, der farbige Schatten produziert.

Vorzugsweise bei Sonnenlicht durchführbar

Wird eine beispielsweise blaue Farbfolie in starkes Sonnenlicht gehalten, so wirft sie auf ein weißes Blatt Papier blaues Licht. Auf das Blatt wird ein aufrecht stehender Gegenstand (das kann eine kleine Kerze, ein Kerzenständer oder eine Spielfigur sein) platziert, die wirft einen dunklen Schatten. Wird gleichzeitig der Gegenstand von einer starken Lampe angestrahlt, so verändert sich die Farbe des Schattens jedes Mal in die Gegenteilfarbe, bei blauer Folie also in Orange.

Abb. 51: Der eine Schatten ist rot, die Gegenteilfarbe von Grün.

Beobachtung – das kann man erkennen

- Die Gegenteilfarbe einer Grundfarbe besteht aus den jeweils anderen zwei Grundfarben. Das ist im Farbkreis gut erkennbar, da dort die Komplementärfarben den Grundfarben gegenüberliegen (s. Abb. 50).
- Alle Farbfolien (oder drei Grundfarben bzw. die drei Komplementärfarben) übereinandergelegt, ergeben immer wieder die Nichtfarbe Grau-Schwarz.

2.4.3 Die Grundfarben Rot, Gelb, Blau gezielt einsetzen

Idee – das ist der Grundgedanke

Die Grundfarben (auch Primärfarben) zeichnen sich hauptsächlich durch ihre Totalität aus, da sich aus ihnen und den drei Nichtfarben Weiß, Grau und Schwarz alle anderen Farben (Sekundärfarben) mischen lassen, je nach Mischungsverhältnis (s. unter Kap. 2.4.5). In ihrer reinsten Form besitzen sie die intensivste Leuchtkraft. Im Kontrast mit Weiß oder Schwarz wird die Wirkung ihrer Leuchtkraft noch stärker hervorgerufen. Ein neutrales oder mittleres Grau als Kontrastfarbe hingegen mindert ihre Leuchtkraft.

Bezug zur Kunst

Der niederländische Künstler Piet Mondrian beispielsweise arbeitete ab 1920 ausschließlich mit den drei Primärfarben, denen er weiße und graue Flächen mit schwarzen Linien zur Seite stellte.

Piet Mondrian
Mondrian wurde 1872 in Amersford, Niederlande, geboren. Nach anfänglicher gegenständlicher Malerei wandte er sich der abstrakten Malerei zu, nachdem er 1910 die kubistische Malerei kennengelernt hatte. Er ging nach Paris und wandte sich der abstrakten Malerei zu. 1940 emigrierte Mondrian in die USA. Er starb 1944 in New York.

Kapitel 2 | Die gestalterische Aufgabe

Tipp
Als Einstieg lässt sich eine Schwarz-Weiß-Kopie von einem Bild Mondrians verwenden, auf die die Kinder entweder ihre farbigen Rechtecke legen oder die sie mit Pinsel und Farbe ausmalen.

Im Zusammenhang mit den Grundfarben lassen sich seine Werke als repräsentatives Beispiel aus der Kunstgeschichte hinzuziehen. Die abstrakten Bilder, die Mondrian berühmt machten, zeigen Konstruktionen aus Horizontalen und Vertikalen in Rot, Gelb, Blau, verbunden mit der Nichtfarbe Weiß sowie mit schwarzen kräftigen Linien.

Im Kindergarten lassen sich seine Bilder auf aktive Weise nachvollziehen, da ihre Leuchtkraft und Frische ohnehin für die Kinder attraktiv ist.

Durchführung – so wird es gemacht

Jüngere Kinder können mit vorbereiteten Rechtecken unterschiedlicher Größe in den Grundfarben aus Tonpapier experimentieren. Die Rechtecke können vorgezeichnet sein, sodass die Kinder jene, die ihnen gefallen, selbst ausschneiden. Diese werden dann auf einem weißen Blatt Papier angeordnet und aufgeklebt. Die Anordnung sollte so erfolgen, dass weiße Flächen bestehen bleiben. Abschließend können mit dicken Buntstiften oder schwarzer Abtönfarbe schwarze Linien hinzugefügt werden.

Hilfe durch Erwachsene

> *Philosophische Anregungen für Erwachsene ...*
> *„Um reine plastische Wirklichkeit zu schaffen, muss man die natürlichen Formen auf ihre konstanten Formelemente zurückführen, die natürlichen Farben auf ihre Grundfarben."*
> Piet Mondrian, 1942

Tipp
Wird darauf geachtet, dass die einzelnen Rechtecke nicht unmittelbar aneinanderstoßen, sondern Zwischenräume bestehen bleiben, so laufen die Farben beim Ausmalen nicht ineinander und es besteht ausreichend Platz für die breiten schwarzen Linien.

Für Kinder im Vorschulalter eignen sich Bausteine in den Grundfarben, die auf einem weißen Blatt Papier angeordnet werden. Gefällt ihnen ihre Anordnung, können sie auf ein weiteres Blatt das entstandene Muster als Bleistiftzeichnung übertragen. Dabei können sie die Bauklötze zu Hilfe nehmen und diese umranden.

Nun werden die einzelnen Flächen mit Farbe gefüllt. Dazu eignen sich Pinsel und Abtönfarbe, da diese deckend und leuchtend sind. Die Vierecke werden erst dann mit dem Pinsel schwarz umrandet, wenn die Farben ganz trocken sind (sonst verlaufen sie leicht ineinander). Vorher werden die schwarzen Linien mit einem dicken Bleistift oder Filzstift vorgezeichnet.

Abb. 52: Vorstellung der Kunstwerke Mondrians

Material – das wird benötigt

– weißes Papier
– Tonpapier in Rot, Gelb und Blau
– Schere
– schwarze Farbstifte
– Pinsel
– Abtönfarbe in Rot, Gelb, Blau und Schwarz
– viereckige Bausteine in den Grundfarben

Abb. 53: Die geometrischen Felder werden mit den Grundfarben ausgefüllt.

2.4.4 Mit Kontrasten spielen: die Unbuntfarben Schwarz, Weiß und Grau

Idee – das ist der Grundgedanke

Der Hell-Dunkel-Kontrast zeigt sich als polarer Kontrast zwischen Licht und Finsternis. Schwarz und Weiß sind im gestalterischen Bereich das stärkste Ausdrucksmittel für Hell und Dunkel. Dazwischen liegt eine Vielzahl an Grautönen und Farben.

Grau ist an sich eine neutrale Nichtfarbe, die aus ihren Nachbarfarben ihre jeweiligen Nuancen gewinnt. Sie ist aus Schwarz und Weiß zu mischen, aus den drei Grundfarben mit Weiß oder aber auch aus jedem der Komplementärpaare (s. unter Kap. 2.4.5).

Nach Johannes Itten ist der schwärzeste Farbton schwarzer Samt, das reinste Weiß Barytsulfat (Johannes Itten, Kunst der Farbe, 1961). Weiß erscheint in extremem Licht, Schwarz in Abwesenheit des Lichts.

Aber wie sieht es mit den Schwarztönen aus, die im Kindergarten meist zum Malen und Zeichnen benutzt werden? Bestehen sie aus reinem Schwarz? Hierzu können einige Versuche mit den Kindern durchgeführt werden, die sie erstaunen und beeindrucken.

Mit einigen Techniken können Kinder eindrucksvolle Hell-Dunkel-Kontraste erzielen.

Hinweis
Unsere Malfarben sind meist nicht so vollständig und rein, als dass sich aus ihrer Mischung ein reines Schwarz ergeben würde.

Durchführung – so wird es gemacht

Mit schwarzen, weißen und grauen Quadraten aus Tonpapier lassen sich Hell-Dunkel-Kontraste in Mosaikform legen. Dabei können auch verschiedene Grauabstufungen verwendet werden. Die Kinder bestimmen die Muster, indem sie beim Legen experimentieren. Dabei entstehen Labyrinthe oder auch bestimmte Motive, denen die Kinder Titel geben können.

Wird ein heller, z. B. grauer Untergrund gewählt, können außerdem schwarze Vierecke aus mattem und glänzendem Papier gebraucht werden: Das matte Papier schluckt das Licht und das Glänzende reflektiert es, dabei kommt es zu unterschiedlichen Schwarztönen mit jeweiligen Farbstichen (je nach Lichteinfall bläulich, grünlich, lilastichig oder gelblich).

Mit Stempeln und Drucken, Tuschemalerei und Kohlezeichnungen lassen sich natürlich auch Hell-Dunkel-Kontraste erzielen.

Hinweis
Für das Experiment eignen sich besonders Quadrate, weil sie durch ihre schlichte Form leicht an den Kanten aneinander zu legen sind, ohne Zwischenräume zu lassen.

Abb. 54: Gemeinsam schieben, bis es allen gefällt …

Bezug zur Kunst

Der in Hamburg lebende Künstler Frank Gerritz arbeitet hauptsächlich mit schwarzen geometrischen Flächen. Schicht auf Schicht entstehen seine Arbeiten mit einem Grafitstift oder Öl-Paintstick auf eloxiertem Aluminium. Auf ihnen bleiben gezielt gesetzte Streifen ausgespart. Die schwarzen Grafitflächen fangen Licht, Farbe und Bewegung auf unterschiedliche Weise ein, die metallen silbernen Flächen hingegen spiegeln das Licht auf neue Weise wider.

Versuch: Wann ist Schwarz wirklich schwarz?

Gesprächstipp
Wie wirken Farben, wenn wir uns in einem dunklen Raum befinden? Können wir sie dann noch erkennen?

Das reinste Schwarz bedeutet völlige Lichtlosigkeit. Es kommt als Rohstoff in der Natur kaum vor. Um die einzelnen Farbtöne zu erkennen, aus denen viele schwarze Materialien bestehen, lassen sich einige Versuche durchführen. Den engsten Bezug haben die Kinder bei diesem Thema zu ihren eigenen Malutensilien.

Material – das wird benötigt
- saugfähiges, weißes Papier, z. B. Tee- oder Kaffeefilter
- schwarze Stifte (Filz-, Gel- und wasserlösliche Buntstifte)
- Tusche und Tinte
- Kohle
- Wasser
- unempfindliche Unterlage

Tipp
Werden Tusche oder Tinte in ein Glas Wasser getropft, lassen sich erstaunliche Farbverläufe über Braun, Blau, Violett bis hin zu Gelb feststellen.

Weißes, saugfähiges Papier wird angefeuchtet und auf eine wasserfeste, unempfindliche Unterlage (z. B. auf einen alten Teller) gelegt. Auf das Papier wird Tusche oder Tinte getropft. Die Kinder beobachten das Verlaufen der schwarzen Farbe, auf die schließlich noch Wasser hinterhergetropft wird. Spätestens in diesem Moment lassen sich die Farbtöne, aus denen das Schwarz besteht, vor allem an den Rändern erkennen. Nach etwa einer Stunde sind noch weitere einzelne Farben zu erkennen.

Der gleiche Ablauf gilt für schwarze Stifte, Kohle oder andere schwarze Farbstoffe.

Beobachtung – das kann man erkennen

Gesprächstipp
Wer trägt schwarze Kleidung? In welchen Berufen tritt schwarze Kleidung oft auf? Gibt es Anlässe, zu denen ihr schwarze Kleidung tragt?

- Schwarz ist zwar dunkel und deswegen vermeintlich unempfindlich. Bei der Auseinandersetzung mit schwarzen Materialien wie Papier, Stoffen usw. ist jedoch schnell zu erkennen, dass es sich im Gegenteil um einen außerordentlich empfindlichen „Farbton" handelt.
- Schwarz ist nicht gleich Schwarz. Mal neigt der Farbton mehr zum Bräunlichen, mal zu Blau, Grün oder Violett.

Anregungen – das kann Kinder aktivieren
- Stellt man ein Gänseblümchen oder eine Margarite in ein Glas Wasser, das mit schwarzer Tusche oder Tinte eingefärbt wird, so ist zu beobachten, wie sich nach einigen Stunden die Blütenblätter dunkel verfärben (auch rote und blaue Tinten funktionieren gut).

2.4.5 Farben mischen

Idee – das ist der Grundgedanke

Schon mit Fingerfarben erleben Kinder aktiv das Mischen von Farben. Mit zunehmendem Alter nimmt auch der Bewusstheitsgrad um die Farben zu. Mit der Einführung des Farbkreises wächst das Interesse, Farben selbst zu mischen. Werden den Kindern für eine Zeit lang, z. B. auf ein Farbprojekt begrenzt, nur die drei Grundfarben sowie Weiß angeboten, steht dem Ausprobieren neuer Mischungsverhältnisse nichts im Wege.

Hinweis für Erwachsene:
die Summe aller Farben

- Man spricht im Allgemeinen davon, dass Weiß und Schwarz die Summe aller Farben sind. Weiß ist die Summe aller Spektralfarben (Lichtfarben) in der *additiven* Mischung. Dies kann mit intensiven roten, grünen und blauen Lichtquellen, die sich auf einer weißen Fläche zusammenschieben, beobachtet werden oder aber als Simulation am Computer, z. B. unter http://www.seilnacht.com/Lexikon/Start.htm im

Unterpunkt „Licht und Farbe". Sieht unser Auge eine weiße Fläche an, so werden alle Farben des weißen Tageslichts reflektiert. Deswegen wird Weiß die Summe aller Lichtfarben genannt.
- Schwarz ist die Summe aller Farben in der *subtraktiven* Farbmischung. Werden drei farbige Folien übereinandergelegt, so schluckt jede in einer Absorption (Aufnahme) einen Wellenanteil des weißen Lichts. Als Ergebnis ist nur noch ein sehr dunkles Grau oder Schwarz zu sehen, da kein Licht mehr durchdringen kann. Auch bei der Vermischung von Malfarben oder Pigmenten entsteht eine subtraktive Farbmischung, jedoch sind diese Mischungen oft „unvollständig", sodass mit ihnen kein Schwarz angemischt werden kann, sondern eher ein schmutziges Braun oder Grau.

Durchführung – so wird es gemacht

Am einfachsten lassen sich flüssige Farben wie Abtön- oder Wasserfarben miteinander vermischen. Mit Weiß lassen sich die Farben nicht einfach aufhellen, sie verändern ihre Qualität; so wird aus Rot und Weiß nicht Hellrot, sondern Rosa. Die Farbe wird opakdeckend, auch wenn mehr Wasser zugesetzt wird. Helle Farben werden eher durch Verdünnung mit Wasser erreicht. Auf Tellern und in Eierkartons lassen sich Farben freizügig mischen.

Die Kinder können als Erstes versuchen, die Komplementärfarben zu mischen:
- Rot und Gelb = Orange
- Gelb und Blau = Grün
- Blau und Rot = Violett

Einen eigenen Farbkreis malen

Beim Mischen wird ihnen auffallen, wie wichtig die Mischungsverhältnisse sind: Überwiegt das Rot, so wird aus dem Orange ein Rotorange, überwiegt hingegen das Gelb, so erreicht man eher ein rötliches Eidottergelb. Je nach Alter und Interesse können sich die Kinder eine Farbskala errichten, in der sie ihre Erfahrungen festhalten (s. Anhang S. 129).

Es entstehen auch interessante Ergebnisse, wenn Farben dicht nebeneinander aufgetragen werden. Werden Rot und Gelb mit dem Pinsel dicht aneinandergetupft, so stellt das Auge die Mischfarbe Orange automatisch her.

Im Bezug zur Kunstrichtung der Pointillisten und Impressionisten lassen sich weitere Farbmischungsversuche mit den Kindern durchführen. Dazu eignen sich vorgefertigte Schablonen, in die verschiedene Farben nebeneinander getupft werden.

Farbtagebuch
In einem Heftchen können die Kinder eine Art Farb-Tagebuch führen, in dem sie Farben sammeln, die ihnen besonders aufgefallen sind. Hier kann geklebt, gemalt, gezeichnet, geschmiert und collagiert werden.

Abb. 55: Drehender Farbkreisel

Kapitel 2 | Die gestalterische Aufgabe

Für den Farbkreisel
Pappe
Schere
Holzstäbchen (z.B. Verbindungsstück von Möbeln), Zahnstocher oder Schraube
Wachsmal- oder Buntstifte

Anregungen – das kann Kinder aktivieren

Aus einem Pappekreis und einem dicken Holzstäbchen, das unten leicht spitz zuläuft (angefeilt oder angespitzt), lässt sich ein einfacher Kreisel basteln. Die Kinder schneiden einen kleinen Pappkreis aus (ca. 4 cm Durchmesser), bohren ein Loch in die Mitte und stecken das Stäbchen hindurch. Die Oberseite des Pappkreises wird abwechselnd in mehrere Farbflächen unterteilt, z. B. Rot, Blau und Grün. Wird der Kreisel gedreht, ergibt sich die Farbsumme Weiß, da das Auge der Geschwindigkeit der einzelnen Farbflächen nicht folgen kann. Dazu muss die Drehung jedoch eine gewisse Geschwindigkeit erreichen, sonst entsteht die Farbsumme Grau. Bei zwei Farben ist bei der Drehung deren Mischfarbe zu sehen, auf Abb. 55 z. B. Orange aus roten und gelben Streifen.

Material – das wird benötigt
– Papier
– Wasser- oder Abtönfarben
– Pinsel
– Pappteller, Eierkartons, Joghurtbecher zum Mischen

Bezug zur Kunst herstellen

Pointillismus und Impressionismus

Die Pointillisten und Impressionisten nutzten das Phänomen, dass das Auge bei mehreren Farben auf einer kleinen Fläche eine Mischfarbe selbst herstellt. Sieht man sich beispielsweise ein Bild von Monet mit der Lupe an, so sind „nur" einzelne Farbkleckse zu erkennen. Betrachtet man das Bild von Weitem, so enthüllen sich die dargestellten Motive. Erst die Entfernung lässt das Auge die Zusammenhänge der Details bilden. Das bedeutet, dass der Betrachter aktiv an der Wirkung des Bildes teilnimmt.

Op-Art: optische Illusionen

Ausgehend von der Wirkung des Pointillismus und Impressionismus entwickelte die englische Künstlerin Bridget Louise Riley sich zu einer Vertreterin der Op-Art. Künstler dieser Kunstrichtung, die durch optische Illusionen „Farbbewegungen" in ihren Bildern erzielten, arbeiteten mit geometrischen Formen wie Streifen, Dreiecken, Spiralen und Kreisen mit vibrierender Farbwirkung. Einige Bilder Rileys zeigen beispielsweise Aneinanderreihungen vertikaler Lineaturen in unterschiedlichen Farbnuancen, bei deren Betrachtung immer wieder andere Streifengruppen mal im Vordergrund fokussiert werden, mal im Hintergrund zurückweichen.

Tipp
Aus farbigen Papierstreifen, Konfetti oder anderen Papierresten, die beim Schneiden entstehen, lassen sich auch schon mit Kindergartenkindern „Op-Art-Bilder" legen, die eine optische Täuschung ahnen lassen.

Abb. 56: Angeregt durch Vincent van Gogh: „Haus"

Beobachtung – das kann man erkennen

- Das Auge denkt mit: dicht aneinanderliegende Farben werden vom Auge als eine Mischfarbe wahrgenommen.
- Farben mit starker Leuchtkraft treten gegenüber anderen, schwächeren Farben in den Hintergrund.

2.4.6 Farbbilder entstehen lassen

Idee – das ist der Grundgedanke
Auf spielerische Weise lassen sich schon mit sehr jungen Kindern aufregende Farbbilder gestalten. Bei den vorgestellten Techniken handelt es sich um Aktivitäten, die Kinder durch den Spaß an sich anregen, sich mit Farben zu befassen.

Für die Jüngsten geeignet!

Durchführung – so wird es gemacht
Farbschleuder selbst erstellen
In eine Salatschleuder wird unter den Korb ein Blatt Papier gelegt. Der Korb wird hineingestellt und der Deckel geschlossen und gedreht. Zügig wird der Deckel abgenommen. (Der Korb lässt sich natürlich auch ohne Deckel in Schwung bringen.)

Hilfe durch Erwachsene
Nicht zu stark drehen!

Ein Kind tropft Farbe auf das sich drehende Papier. Es kann viele verschiedene Farben nacheinander hineintropfen. Ist das Kind mit dem Ergebnis zufrieden, stellt das nächste Kind sein Farbbild her.

Sind die Bilder getrocknet, lassen sich mit den leuchtenden, bunten Ergebnissen z. B. wunderschöne Collagen herstellen.

Tipp
Es gibt auch kleine Salatschleudern, die für die Kinder zum Teil besser geeignet sind.

Material – das wird benötigt
- Salatschüsseln
- flüssige Farben (Abtönfarben)
- Pinsel, Pipetten oder Ähnliches zum Tropfen
- Papier

Mit Murmeln kullern
In einen eher flachen Kasten (Deckel von Schuhkartons, Keksschachteln oder Pralinenschachteln) wird ein möglichst gleich großes Blatt Papier gelegt.

Die Kinder tauchen Murmeln in Farbe und legen sie an die Ränder in der Schachtel. Sie nehmen die Schachtel in beide Hände und bewegen sie so hin und her, dass die Murmeln über das Blatt Papier rollen. Die Murmeln können beliebig oft in frische Farbe getaucht werden.

Anschließend können die Kinder, die möchten, ihre „Bahnen" weiterbearbeiten (malen, zeichnen, schneiden, kleben usw.).

Material – das wird benötigt
- Kartons oder Schachteln
- Papier
- in kleine Schüsselchen gefüllte Abtön- oder Fingerfarben
- Murmeln

Abb. 57: Auch das sind nur Farbtupfer ...

Kapitel 2 | Die gestalterische Aufgabe

2.5 Zeichnen

Hinweis
Für die Aufbewahrung der Zeichnungen gibt es viele Möglichkeiten: Malmappen aus Pappe, Bildbände, die in Copyshops gebunden werden, großformatige flache Pappschachteln, Ordner mit Sichthüllen usw.

Beim Zeichnen geht es Kindern vor allem um ihre Freude an der gestalterischen Aktivität und um den Zeichen- oder Malprozess. Das fertige Bild steht erst an zweiter Stelle. Das Bedürfnis, sich bildnerisch auszudrücken, ist von Beginn an da. Jedoch können irritierte Fragen und irritierende Kommentare der Erwachsenen die Freiheit und Ungezwungenheit, Kreativität auszuleben, hemmen und beeinflussen.

Aufklärende Gespräche der Kinder, über die sie selbst entscheiden, geben den erwachsenen Betrachtern die Möglichkeit, sich in die Bilder „einzusehen" und auch die Lernerfahrungen der Kinder wahrzunehmen. Aber zunächst einmal sollte vorsichtig geprüft werden, ob ein Kind etwas zu seinen Bildern erzählen möchte. Denn in ihren Zeichnungen und Bildern bringen die Kinder ihre innere Gefühlswelt zum Ausdruck und diese sollte als Intimsphäre respektiert werden.

Eine eingängige Betrachtung ihrer Zeichnungen zeigt Kindern das Interesse der Betrachter und vermittelt ihnen, dass ihr, oft oberflächlich als „Gekritzel" beschriebenes, Werk von Erwachsenen ernst genommen wird.

Anhand von Dokumentationen (in Form von Fotos, Film, Text, Prozessbeschreibungen der Erzieher/-innen und Ausstellungen), lassen sich die einzelnen künstlerischen Entstehungsprozesse und Entwicklungsstufen aufzeigen.

Den Kinderzeichnungen sind Bildungserfahrungen und Entwicklungsstadien anzusehen (s. auch unter Kap. 1.1.2). Ausgestellte Werke im Kindergarten vermitteln auch den Eltern einen Eindruck der schöpferischen Entwicklung ihrer Kinder.

2.5.1 Verschiedene Zeichenmaterialien ausprobieren

Idee – das ist der Grundgedanke

Die Unterschiedlichkeit der Materialien bereichert die gestalterische Erfahrung.

Um Kindern eine große Palette an Möglichkeiten aufzuzeigen, mit der sie herumexperimentieren können, werden sie auf kindgerechte Weise an einige Zeichenmaterialien herangeführt. Damit wird eine Basis sowohl in der Betrachtung von Zeichnungen als auch in der eigenen gestalterischen Ausübung für zukünftige Erfahrungen auf dem Gebiet der Kunst aufgebaut.

Zum Zeichnen eignen sich für Kinder im Kindergartenalter nicht nur Blei- und Buntstifte, sondern auch Kohle, Rötel und Rohrfeder können ausprobiert werden. Für alle Zeichenutensilien gilt, die Freude am Ausprobieren zu fördern.

Durchführung – so wird es gemacht

Tipp
Die Kinder können ein Zeichentagebuch anlegen, in dem sie Techniken, Experimente, Ideen und Geschichten sammeln.

Herrscht im Kindergarten ein bestimmtes Thema vor, kann zu diesem passendes Zeichenmaterial zur Verfügung gestellt werden. Vielleicht schließt sich das Zeichnen auch an einen Museumsbesuch an oder an die Betrachtung von Kunstwerken im Kindergarten.

Zu den Übungen, die in Kapitel 2.5 beschrieben werden, lassen sich alle folgenden Zeichenmaterialien anwenden.

Im Anschluss an die unterschiedlichen Versuche können die Zeichnungen in einer Mappe, einem Hefter oder einer großen „Tabelle" präsentiert und die unterschiedlichen Ergebnisse der einzelnen Materialien verglichen werden.

Abb. 58: Unterschiedliche Entwicklungsstufen: Fine, 5 Jahre alt, schreibt nicht nur Buchstaben, auch Geheimschriften sind vor ihr nicht sicher …

Mit den einzelnen Zeichenmaterialien darf lustvoll herumprobiert werden: Schmieren, Kratzen, Kritzeln ist nicht nur erlaubt, sondern erwünscht.

Kreide, Kohle, Rötel verreiben

Zeichenutensilien wie Grafit, Kohle, Rötel, Kreide und Pastelle ergeben weiche Effekte mit sanften Übergängen, wenn sie mit dem Finger oder der ganzen Hand verrieben werden. So erhalten beispielsweise Wattewolken, sanfte Wiesen und Hügel eine luftige, zarte Wirkung.

Farbige Kreiden und Pastellkreiden lassen sich direkt auf dem Papier durch Verreiben vermischen. Dadurch entstehen quasi irisierende Effekte, die z. B. gut für die Darstellung von Regenbögen zu gebrauchen sind.

Mit Straßenkreiden können die Kinder Innenhöfe und Fußwege dekorieren. Es bedeutet für sie, viel Bewegungsfreiheit und frische Luft zu genießen, großzügige Flächen zu gestalten. Außerdem lassen sich so altbekannte Hüpfspiele mit in das Zeichnen und Malen integrieren.

Hinweis
Kohle und Rötel brechen leicht, die Kinder zeichnen mit den kleinen Stückchen einfach weiter und beobachten, wie sie sich immer mehr verbrauchen.

Abb. 59: Auch so lässt sich mit Kohle zeichnen.

Wachs kratzen

Werden Wachsmalstifte in zwei oder mehreren Schichten übereinander aufgetragen, so lässt sich die obere Schicht mit einem spitzen Gegenstand wegkratzen, und die untere Wachsschicht tritt hervor. Da es für jüngere Kinder anstrengend ist, zwei Schichten übereinander aufzutragen, eignen sich kleine Flächen innerhalb eines Bildes dazu, wie beispielsweise eine Blüte oder eine Baumkrone. In diese Fläche können die Kinder beliebig hineinkratzen und die effektvollen Farben bewundern, die plötzlich unter der obersten Schicht hervorschimmern.

Hilfe durch Erwachsene

Besonders wirkungsvoll ist das Ergebnis, wenn die untere Schicht aus leuchtenden oder hellen Farben besteht und die obere aus einer sehr dunklen, z. B. Schwarz oder Violett. Die zweite Schicht muss dabei nicht vollständig deckend sein.

Abb. 60: Leuchtende Farben schimmern durchs Schwarz.

Kapitel 2 | Die gestalterische Aufgabe

Tipp
Es ist sehr reizvoll, mit Tusche auf alten Zeitungspapieren zu zeichnen.

Mit Feder oder Stöckchen tupfen

Mit einer Rohrfeder oder einem Stöckchen kann flüssige Farbe, Tusche oder Tinte getupft, gekratzt und gestrichen werden. Wird das Ende des Stöckchens zerkaut oder zerstampft, sodass es ausfranst, so erhalten die Kinder einen selbst gemachten Pinsel, wie er schon zur Zeit der Höhlenmalereien von Menschen benutzt wurde.

Mit Stein auf Stein zeichnen

Zunächst suchen sich die Kinder verschiedenfarbige Steine (auf dem Außengelände, bei Spaziergängen oder Ausflügen), und probieren aus, ob sich mit ihnen zeichnen lässt. Dann suchen sie draußen eine günstige Steinfläche aus (Steinplatten, betonierte Flächen), auf denen sie mit ihren gesammelten Steinen zeichnen. Bei Regen werden die Zeichnungen schwächer und verschwinden schließlich ganz.

Tipp
Manche Steine (z. B. Ziegelsteine) haben einen stärkeren Strich, wenn sie vorher in Wasser eingeweicht werden.

Material – das wird benötigt

– Papier
– Blei- und Buntstifte
– Kohle
– Rötel
– Rohrfeder
– Grafitstift
– Wachsmalstifte
– Pastellkreide
– Kreide
– verschiedene Steine (auf Stein)
– Finger (Sand, Fingermalfarbe)
– Stöckchen
– Fixier- oder Haarspray

Hinweis
Fixiert wird wegen der schädlichen Dämpfe ausschließlich durch Erwachsene außer Reichweite der Kinder und vorzugsweise im Außenbereich.

Beobachtung – das kann man erkennen

- Zeichenmaterial, das auf natürlichen Rohstoffen beruht, ist nicht immer sehr haltbar. Deswegen müssen Grafit-, Kohle-, Kreide- und Rötelzeichnungen erst haltbar gemacht werden, indem sie mit speziellen Sprays oder Haarspray fixiert werden.
- Sich bildlich auszudrücken, ist ein uraltes Bedürfnis der Menschen.

Anregungen – das kann Kinder aktivieren

- Angefangene Zeichnungen oder gezeichnete Rahmen regen oft auch Kinder zum Gestalten an, die eher gehemmt sind (vor allem Vorschulkinder, die meinen, sie könnten „nicht so gut zeichnen", und es dann lieber ganz sein lassen). Im Anhang befinden sich einige Kopiervorlagen, die den Kindern als Angebot auf einem Regal, Tisch oder Ähnlichem in einer Malecke oder Malraum ausgelegt werden können. Den Kindern bleibt frei, was sie aus der „angefangenen" Zeichnung machen (s. Anhang, S. 132–139). Die Kopiervorlagen können vergrößert kopiert werden (z. B. auf DIN A3), damit mehr Platz zum Ergänzen zur Verfügung steht.

Hinweis
Die folgenden Übungen sind auch besonders für Kinder mit Koordinationsschwierigkeiten, Dyspraxie und Ähnlichem geeignet. Es sollte jedoch kein Druck aufgebaut werden, sondern das Ganze als experimentelles Spiel (was es auch ist) aufgefasst und vermittelt werden.

2.5.2 Experimentieren: Kritzeln, Stricheln, Pünkteln und Schwungübungen

Idee – das ist der Grundgedanke

Um die Kinder in ihrer zeichnerischen Ausdrucksweise zu motivieren, lassen sich verschiedene Experimente ausführen. Dazu gehören auch Übungen, die den Strich und den Schwung der zeichnenden Hände trainieren. All diese Aktivitäten sind auch als Vorübungen zum späteren Schreiben zu sehen. Sie fördern einerseits die Feinmotorik und Koordination, lockern andererseits aber auch die Muskulatur. Außerdem machen sie Kindern großen Spaß, und der steht an erster Stelle.

Material – das wird benötigt

– viel Papier (auch Schmierpapier), z. T. große Formate
– Bleistifte, Grafitstifte u. Ä.
– Buntstifte

Hier erleben die Kinder ein neues, überraschendes Bild von sich selbst und nehmen Seiten wahr, die ihnen normalerweise vielleicht nie aufgefallen wären.

Abb. 64: Experimentelles Selbstbildnis

Abb. 65: Zufrieden mit sich …

Tipp
Die Kinder können ihre Teile auch untereinander austauschen und somit das Porträt einer ganz neuen Person entwickeln. Gegenseitige Unterschiede und Ähnlichkeiten werden sichtbar.

Buchtipp
Als Abschluss eines Projekts „Selbstbildnisse" kann das Thema „Kinderbildnisse" eingeführt werden. In Kinder sehen dich an: Die schönsten Kinderbilder von Tizian bis Picasso (Maria Platte, Dumont, 2004) sind sehr schöne Beispiele aus der Kunstgeschichte zu finden. Vielleicht haben einige Kinder anschließend Lust, sich gegenseitig zu zeichnen.

Material – das wird benötigt
– Fotoapparat
– Kopierer
– Schere
– Papier
– Klebstoff
– Grafitstifte oder Ähnliches für die Zeichnung bzw. Konturen
– Wasserfarbe oder Gouache

2.5.4 Konzentration gewinnen: Mandalas

Idee – das ist der Grundgedanke
Mandalas wurden ursprünglich im religiösen Kontext vor allem im Hinduismus und Buddhismus, aber auch in indianischen Kulturen verwendet. Jedoch auch in Kirchen sind ihre Formen in runden Kirchenfenstern zu erkennen. Es sind kreisförmige, dreieckige und quadratische Gebilde, die ein Zentrum haben, von dem aus sich Bilder, Motive oder Muster nach außen hin entwickeln. Sie stellen den Kosmos und die Unendlichkeit des Universums dar. Durch bestimmte Farben und Formen werden gewisse Bereiche der Psyche angesprochen.

Dem Malen oder Legen eines Mandalas wird eine meditative Wirkung zugesprochen. Die Erzeugung

Abb. 66: Entspannen

Hinweis
Das Wort „Mandala" stammt aus den heiligen Schriften der Hinduisten und bedeutet in der altindischen Schriftsprache Sanskrit: „Kreis, Ring".

Kapitel 2 | Die gestalterische Aufgabe

eines Mandalas dient der Sammlung des Geistes und ist daher der Konzentration förderlich. Demzufolge ist eine ruhige Umgebung ohne Ablenkung notwendig. Die Stifte zum Ausmalen sollten zu Beginn schon bereitliegen, damit nichts den Malprozess unterbricht.

> Im Zen-Buddhismus heißt es:
> *Wenn du sitzt, dann sitze.*
> *Wenn du gehst, dann gehe.*
> *Wenn du arbeitest, dann arbeite.*

Kreativer Prozess

Das Ausmalen eines Mandalas schränkt im Gegensatz zu gewöhnlichen Ausmalbüchern nicht die Kreativität der Kinder ein, da das Mandala ihnen nicht die Gestaltung eines „schönen" oder „richtigen" Bildes vorschreibt. Hier ist der Weg das Ziel, also der Ausmalprozess, und insofern steht der meditative Aspekt im Vordergrund. Außerdem steht den Kindern frei, eigene Mandalas zu entwickeln. Mandalas begünstigen ein besonderes Gespür für Farbe und Form.

Tipp
Um ein eigenes Mandala ohne Hilfsmittel, also ohne Schablone, zu entwerfen, eignet sich ein quadratisches Papier, das in der Mitte zweimal gefaltet wird, sodass als Erstes nur ein Viertel des Mandalas entworfen wird. Anschließend wird das Blatt entfaltet und die Zeichnung rundherum ergänzt.

Durchführung – so wird es gemacht

Zuerst einmal suchen sich die Kinder einen ruhigen Ort aus, an dem sie ihr Mandala ausmalen oder gegebenenfalls selbst entwerfen möchten. Sie sammeln alle dazu benötigten Materialien zusammen, bevor es ans Zeichnen und Malen geht.

Die Kinder, die schon Erfahrung im Mandalamalen haben, können sich ihre Vorlagen selbst ausdenken. In einen Kreis (mit einem Teller oder einem Zirkel gezogen) kann alles, was den Kindern einfällt, hineingezeichnet werden. Dazu können sie auch Schablonen zu Hilfe ziehen, wie z. B. CDs, Geldstücke oder Zahnräder (s. Abb. 67).

Abb. 67: Verschiedene Schablonen für Mandalas

Hinweis
Ein Mandala muss weder perfekt noch vollständig ausgemalt sein.

Da sich alle Mandalas entweder zur Mitte hin oder von der Mitte weg entwickeln, bleibt es den Anwendern überlassen, von welcher Richtung sie ausgehen. Eine besonders beruhigende Wirkung wird dem Ausmalen zur Mitte hin nachgesagt. Den Kindern sollte die freie Wahl jedoch überlassen werden, denn an erster Stelle steht die Freude am Mandala.

Die Farbwahl ist beim Mandala nicht vorgegeben und bleibt den Kindern überlassen.

Ergänzend zu einem gerade im Kindergarten vorherrschenden Thema kann jedoch mit den Nuancen einer Farbe experimentiert werden. Nach ihrer Fertigstellung können die Kinder ihre Mandalas nebeneinander auf dem Boden oder an der Wand präsentieren und ihre Ausdruckskraft auf sich wirken lassen. Wurden beispielsweise Mandalas zum Thema Wasser und Eis gestaltet und die Farbwahl wurde auf Blautöne beschränkt, so ist allen Motiven gemeinsam eine eigene, intensive Stimmung anzusehen.

Tipp
Besonders attraktiv sind Fenstermandalas, für die Windowcolorfarben verwandt werden.

Abb. 68: Ursprungsfarbe der Mandalas ist Blau.

Material – das wird benötigt
– verschiedene Mandalamotive
– Buntstifte oder Wachsmalkreiden
– eventuell Windowcolorfarben

Für eigene Mandalas
– Papier
– Bleistift
– eventuell Schablonen (Gläser, Teller usw.)

Beobachtung – Das kann man erkennen
- Auch in der Natur ist die Form des Mandalas zu erkennen, z. B. im Inneren einiger Blüten (Akelei, Lotus, sternförmige Blüten), in Eiskristallen oder in Funken (von Wunderkerzen).
- In unserer Umgebung lassen sich anregende Hilfsmittel als Schablonen für Mandalas finden (Tassen, CDs, Zahnräder).
- Durch das konzentrierte Arbeiten entstehen innere Ruhe und Ausgeglichenheit.

Tipp
Wettbewerbssituationen, wie z. B., wer am schnellsten, am saubersten oder am „schönsten" gemalt hat, sollten vermieden werden.

> *Nur ein entspannter Geist kann sich ganz auf eine Sache ausrichten. Ein solcher Geist ist das Wunderbarste und Kraftvollste und kann alles bewirken.*
> Yogi Bhajan, Kundalini-Yoga-Lehrer (1929–2004)

Thema Vergänglichkeit
Mandalas lassen sich auch legen: mit Bohnen, Linsen, Perlen oder farbigem Sand. Sandmandalas bestehen nicht nur aus dem Prozess des Entstehens, ihr Wegwischen und ihr natürliches Verschwinden durch Regen,

Hinweis
Es gibt Mandalamotive für verschiedene Altersstufen, da es nicht motivierend ist, zu komplizierte Motive auszumalen. Viele Vorlagen finden sich im Internet.

Wind oder Tiere gehören ursprünglich zum Gestaltungsprozess dazu. Sie symbolisierten die Vergänglichkeit des Lebens (s. auch unter Kap. 2.9.3).

2.6 Drucktechniken

Im Folgenden werden einige, mit Kindern leicht durchführbare Drucktechniken vorgestellt. Sie regen die Fantasie der Kinder und zum eigenen Ausprobieren an, bilden insgesamt jedoch schon eine Vorbereitung zu komplexeren Druckverfahren; auch wecken sie das Interesse an Druckgrafiken aus der Kunstgeschichte.

Unterstützt Experimentierfreudigkeit

Die Drucktechniken zeichnen sich alle durch den Erhalt von schnellen, reizvollen Ergebnissen aus, durch experimentelle Freiheit, geheimnisvolle, sinnliche Geräusche und durch haptische Komponenten.

In der Kunstgeschichte sind anregende Beispiele verschiedener Drucktechniken zu finden:

Hinweis
Erst die Künstler Matisse und Picasso etablieren den Linoldruck als grafische Technik in der bildenden Kunst.

Hochdruck
– Holzschnitte in der japanischen Kunst
– Holzstiche von Albrecht Dürer (s. Anhang, S. 130)
– Linolschnitte von Pablo Picasso und Matisse

Tiefdruck
– Radierungen von Rembrandt, Francisco Goya und Picasso
– Kupferstiche von Dürer
– Lithografien (Steindruck) von Toulouse-Lautrec und Picasso

Flachdruck
– Monotypien von Edgar Degas
– Siebdrucke von Andy Warhol

2.6.1 Hände und Füße einsetzen

Idee – das ist der Grundgedanke

Haptische Erfahrung

Beim Essen wird gelegentlich gekleckert, z. B. mit Schokoladenpudding. Da probieren Kinder gern spontan aus, mit dem Schokoladenfinger zu zeichnen, zu schmieren und Abdrücke zu hinterlassen. Auch beim Malen mit Fingerfarbe werden die Handflächen bemalt und auf das Papier gedruckt. Körpereigene Druckmaterialien eignen sich zum Experimentieren, sind nicht erst aufwendig zu beschaffen und unterstützen die sinnliche Erfahrung des Gestaltens.

Hinweis
Nicht alle Kinder mögen Farbe an ihrem Körper. Sie beobachten lieber, andere wiederum entdecken auf diesem Weg ihre Lust am Malen.

Durchführung – so wird es gemacht

Zum Drucken mit Händen, Fingern und Füßen eignen sich besonders Fingerfarben, da sie ungiftig sind und also unbedenklich an die Haut gelassen werden können. Aber auch selbst hergestellte Farbe lässt sich gut verwenden.

Abb. 69: „Meine Hand, rot wie Blut …"

Gerade jüngere Kinder sind begeistert von ihren Hand- und Fußabdrücken. Sie gestalten ein großes Blatt ohne Ermüdung in vielfältigsten Farben.

Die Älteren vergleichen ihre Abdrücke schon mit denen der anderen. Sie betrachten die Form der Hände, Finger, Füße und Zehen und besprechen die Unterschiede.

Material – das wird benötigt
- ca. 40 g Gluedex HT (oder Kartoffelstärke)
- 40 ml Wasser
- 4 g Glycerin (aus der Apotheke)
- Farbstoff (Lebensmittelfarben oder aber natürliche Stoffe wie z. B. Gewürze (Gelbwurz, süßes Paprika), Kaffeepulver

Da Gluedex HT ökologisch ist, ist es für die Haut unbedenklich. Es wird (oder alternativ die Kartoffelstärke) mit lauwarmem Wasser verrührt, bis eine glatte Masse entsteht (es dient, wie auch die Kartoffelstärke, als Bindemittel). Nach und nach werden das Glycerin und schließlich die Farbe eingerührt.

Mit dieser einfach herzustellenden Farbe lässt sich auch der ganze Körper bemalen, was für Kinder ein besonders sinnliches Vergnügen ist. Sie entdecken ein eigenes Körpergefühl. Ehe die Farbe trocken ist, können sie verschiedene Körperteile auf Papier abdrucken oder sich auch über ein langes Papier (z. B. von einer Tapetenrolle) rollen. Die Farbe lässt sich einfach unter der Dusche oder aber im Außengelände mit einem Schlauch abspritzen.

Eine Fotodokumentation gehört unbedingt dazu!

Beobachtung – das kann man erkennen
- Jeder Mensch hat einen anderen Fingerabdruck.
- Alle Körperteile der Kinder wachsen.

Abb. 70: Weiterverarbeitung des Handabdrucks

2.6.2 Aus Gemüsestängeln Stempel herstellen

Idee – das ist der Grundgedanke
Selbst mit Gemüse- und Obstresten lässt sich drucken. Dabei erhalten die Kinder erstaunliche Ergebnisse, die vielseitig einsetzbar sind. Die Strukturen der Gemüse- und Obstsorten ergeben abstrahierte Muster, die

in sich ihre ganz eigene Regelmäßigkeit besitzen. So sehen manche Abdrücke wie Rosenblüten andere wie strahlende Lichter aus.

Durchführung – so wird es gemacht
Verschiedene Stängel von Kohlsorten und Salaten, Lauchzwiebeln oder Fenchel, das Gehäuse eines Apfels, leere Schoten und Schalen werden in Farbe (Abtönfarbe, Gouache, ausgewalzte Linoldruckfarbe) getaucht oder gedrückt und aufs Papier gestempelt.

Die Kinder sehen sich die Ergebnisse an, indem sie ihre Stempelexperimente auf dem Boden auslegen und dazu erzählen, was sie zum Drucken benutzt haben. Gemeinsam können die Kinder ihre Assoziationen vortragen, woran sie die einzelnen Ergebnisse vielleicht erinnern oder wozu sie sie gerne einsetzen würden (z. B. zum Dekorieren von selbst gebastelten oder beklebten Schachteln, zum Gestalten von Geschenkpapier usw.) (s. Abb. 77 und 78).

In ihren Bildern können sich die Kinder der Stempel bedienen, um bestimmte Dinge darzustellen, wie Blumen, Bäume, Sonnen oder Muster für die Kleidung ihrer Figuren. Dazu können sie eine „Stempelsammlung" anlegen, auf deren Rückseite Erwachsene notieren, um was es sich bei dem Stempel ursprünglich handelte.

Hinweis
Das restliche Gemüse kann zum Mittagessen verarbeitet, das Obst zwischendurch geknabbert werden.

Tipp
In Gemeinschaftsarbeit lassen sich wunderschöne Tapetenbordüren für den Kindergarten gestalten. Hier leisten die Kinder einen eigenen Beitrag zur Innenausstattung ihrer Räume.

Abb. 71: L wie Lilli, da sieht man gleich, von wem das Geschenkpapier ist!

Material – das wird benötigt
- Papier
- Abtönfarbe oder Gouache
- alternativ Linoldruckfarben, Walze und Platte (s. unter Kap. 2.6.3)
- frisches Gemüse und Obst

Mit Kartoffeln drucken
Der Kartoffeldruck ist altbekannt und bewährt sich weiterhin als Drucktechnik. Bei Kindergartenkindern ist jedoch Hilfe der Erwachsenen notwendig, die Formen in die halbierten Kartoffeln zu schnitzen.

Die Kinder zeichnen auf Papier, welche Formen sie ungefähr als Kartoffeldruck benötigen. Mit einem Filzstift lassen sich die gewählten Formen auf die halbierte Kartoffeln übertragen. Dann wird um die Form herum das Fleisch der Kartoffeln so weit weggeschnitten, dass sie als Relief bestehen bleibt (s. Abb. 71).

Sind die Kartoffeln fertig geschnitzt, können jedoch auch jüngere Kinder leicht mit ihnen drucken.

Die Kartoffel eignet sich besonders, da sie gut Farbe aufnimmt und auch leicht wieder abgibt. Die Farbe kann mit

Hilfe durch Erwachsene

Tipp
Mit spezieller Stofffarbe lassen sich mit Kartoffeldruck auch eigene Stoffmuster entwerfen. Die Stofffarbe wird nach dem Trocknen durch Bügeln auf der linken Stoffseite fixiert.

Abb. 72: Farbauftrag direkt aus der Tube

Kapitel 2 | Die gestalterische Aufgabe

einem Pinsel auf die Druckfläche der Kartoffel aufgetragen werden oder aber die Kartoffel wird auf ausgewalzte Farbe gedrückt. Anschließend wird mit der Kartoffel auf das zu gestaltende Papier gedruckt.

Anregungen – das kann Kinder aktivieren

Für ganz kleine Kinder ist es schon ein Erlebnis, einfach mit der halbierten Kartoffel zu drucken. Durch transparente Farben und Überschneidungen entstehen schöne Ergebnisse.

Für ältere Kinder ist es interessant, gemeinsam ein Bilderbuch mit Kartoffeldruck herzustellen.

Beobachtung – das kann man erkennen

- Gemüse und Obst schmecken nicht nur gut, Teile davon eignen sich auch für reizvolle Drucktechniken.
- Selbst im Kühlschrank halten sich die „Kartoffelstempel" nicht lang; sie schrumpeln und schimmeln schließlich.

Material – das wird benötigt
rohe Kartoffeln
dunkle Filzstifte
Messer
Pinsel
Gouache, Abtön- oder Wasserfarbe, Linoldruckfarbe (Walze und Platte)

2.6.3 Monotypien durchführen

Idee – das ist der Grundgedanke

In einigen Arbeitsgängen ist die Technik der Monotypie eine Vorstufe zum Linoldruck. Sie wird nicht im eigentlichen Sinne zur Druckgrafik gezählt, da sie nicht von einem und dem gleichen Bild mehrere, gleiche Abzüge herstellt, wie es charakteristisch für die Druckgrafik ist. Bei der Monotypie bestimmt nicht die Druckgrafik das Bild, sondern die Form der Zeichnung und die Art, die Farbe auf die Platte aufzubringen. Sie kann als Verbindung von Druckgrafik, Zeichnung und Malerei verstanden werden. Jede Monotypie entsteht als Original.

Hinweis
Monotypie wurde sehr wahrscheinlich im 17. Jahrhundert von Giovanni Benedetto Castiglione (1616–1670) erfunden.

Innerhalb dieser sehr freien Technik besteht für die Kinder die Möglichkeit, das Verfahren abzuändern und weiterzuentwickeln, indem sie z. B. unterschiedliche Papiere, Farbmaterialien und Utensilien einsetzen.

Durchführung – so wird es gemacht

Die Kinder suchen sich eine oder mehrere Farben aus, mit denen sie drucken möchten. Auf einer Platte wird die Linoldruckfarbe gut ausgewalzt (s. Abb. 73); die Farbschicht sollte weder zu dick noch zu dünn und trocken sein. Nach einigen Versuchen erwerben die Kinder (anfangs mithilfe von Erwachsenen) schnell ein Gefühl für das Auswalzen. Die Farbfläche sollte ungefähr so groß wie das Blatt Papier sein, auf dem gedruckt werden soll, oder aber kleiner, um nur einen Teil des Papiers zu bedrucken.

Verbindung von Zeichnung und Druck

Es können aber auch verschiedene Farbmaterialien wie Gouache oder Abtönfarbe auf die Platte gekleckst, gemalt und gewischt werden. Bei diesen Materialien muss jedoch schneller gearbeitet werden, da die Farbe schneller antrocknet. Im Umgang mit Farbmaterialien besteht viel Spielraum für den Einfallsreichtum der Kinder.

Abb. 73: In die ausgerollte Farbe kratzen

Kapitel 2 | Die gestalterische Aufgabe

Hinweis
Schreiben die Kinder ihren Namen auf das Blatt, so erscheint er im Druck spiegelverkehrt. Da Kindergartenkinder oft die Buchstaben spiegelverkehrt schreiben, erscheinen sie hier also „richtig herum".

Zwei Möglichkeiten, bei der Monotypie zu zeichnen:

Entweder die Kinder zeichnen direkt auf die Platte in die noch feuchte Farbe. Mit einem weichen Grafitstift oder Stöckchen sind die Strichkonturen weich, mit einem metallenen Gegenstand klar und deutlich.

Oder aber auf die Farbfläche wird das Blatt mit der Vorderseite nach unten gelegt, ohne es anzudrücken. Mit einem Stift oder einem anderen stumpfen Gegenstand (es kann auch ein Fingernagel, das hintere Ende eines Pinsels sein) wird nun auf die Rückseite des Blattes gezeichnet.

Nach Fertigstellung der Zeichnung wird das Papier von der Platte gezogen. Um die Zeichnung herum entstehen interessante Strukturen, die Zeichnung selbst erscheint mal hell (Farbe ist ausgespart) mal dunkler als der Rest (Farbe ist verdichtet). Auch auf der Platte ist die Zeichnung zu sehen, beide nebeneinander erscheinen gespiegelt und positiv und negativ (auf der Platte ist die Zeichnung hell, auf dem Papier dunkel, s. Abb. 74).

Die Platte kann für weitere Drucke benutzt werden. Ist noch viel Farbauftrag vorhanden, kann auch direkt nach einem Druckvorgang der nächste erfolgen. Ansonsten wird neue Farbe auf die Platte aufgetragen und ausgewalzt.

Reizvolle Flächen entstehen auch, indem punktuell mit den Handflächen oder anderen Gegenständen gedrückt und gerieben wird; hier können die Kinder eigenständig Verfahren entwickeln und ausprobieren.

Tipp
Auf der Platte angetrocknete Farbe kann einfach mit ein paar Tropfen Wasser wieder geschmeidig gewalzt werden.

Werden Papierteile als Schablonen ausgeschnitten und zwischen Platte und Blatt gelegt, so bleiben die Formen der Teile auf dem Druck ausgespart. Das Weiße des Blattes leuchtet hervor. Um die Formen besser hervortreten zu lassen, können die Kinder auf dem umgekehrten Blatt mit ihren Fingern oder Fingernägeln um die Papierteile herumreiben.

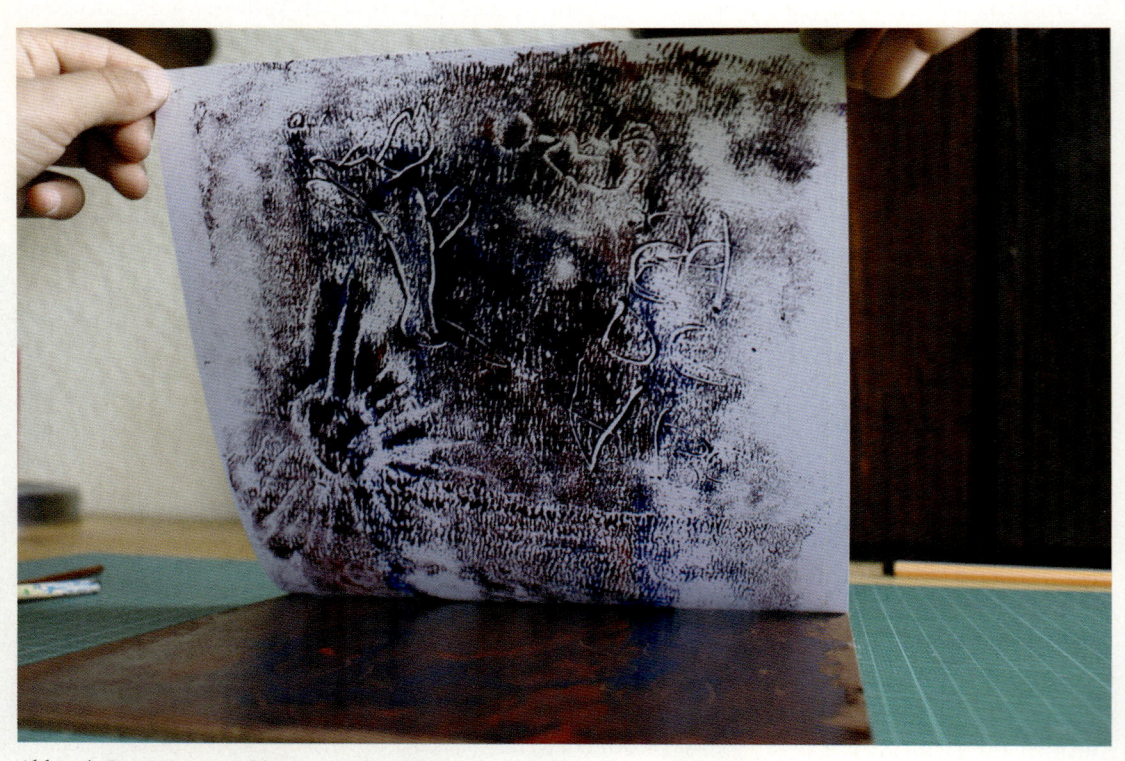

Abb. 74: Das Motiv wird langsam erkennbar.

Das Ergebnis ist jedes Mal überraschend!

Es könnte z. B. auch eine Kordel oder ein zartes Netz auf das Papier gelegt werden. Dann wird mit einer sauberen Walze über die Kordel gewalzt. Hebt man das Papier ab, ist das entstandene Muster zu sehen.

Material – das wird benötigt
- Linoldruckfarbe, alternativ Acryl- oder Abtönfarben u. Ä.
- Walzen
- Glas-, Metall- oder Kunststoffplatten zum Ausrollen und Zeichnen (dazu eignen sich auch Tabletts, Schneidebrettchen, Schreibtischunterlagen)
- Stifte oder Stöckchen
- Papiere
- eventuell Papierschablonen

Beobachtung – das kann man erkennen
- Die Zeichnung auf dem Druck erscheint „andersherum".
- Beim Walzen und auch beim Abziehen des Blattes gibt es ein „saftiges" Geräusch.
- Unterschiedliche Papierarten (raues, glattes, strukturiertes, sehr dünnes Papier) lassen im Druck ihre Eigenschaften besonders zum Vorschein kommen.

Bezug zur Kunst
Der französische Maler und Bildhauer Edgar Degas arbeitete eine Zeit lang mit Monotypien. Er zog teilweise zwei bis drei Abzüge ab, die in der Folge zwar schwächer waren als die ersten, aber hinterher zeichnete er in die Monotypien mit Pastellkreide hinein.

Edgar Degas wurde 1834 in Paris geboren und starb ebendort im Jahr 1917. Besonders bekannt sind seine Motive aus Oper und Ballett. Er stellte in den Jahren 1874–86 zusammen mit anderen Impressionisten in Paris aus. 1889 erblindete er und konzentrierte sein künstlerisches Schaffen auf die Bildhauerei.

2.6.4 Styroporpapier als Druckstock verwenden

Idee – das ist der Grundgedanke
Eine weitere vorbereitende Form zum Linoldruck ist der Druck mit Styroporpapier. Das Material ist weich und leicht zu bearbeiten und deswegen so geeignet für Kinderhände. Die Druckfarbe bleibt einerseits gut an ihr haften, lässt sich andererseits aber auch leicht auf das Papier übertragen.

Es lässt sich mit anderen Druckverfahren sehr gut kombinieren, sodass die Kinder ihre Erfahrungen anwenden und erweitern können.

Keine Verletzungsgefahr!

Abb. 75: „Die Spinne": Druckstock und Druck

Kapitel 2 | Die gestalterische Aufgabe

Verletzungsgefahr bei Linoldruck
Linoldruck ist im Kindergarten nur sehr begrenzt einzusetzen, da es besonderer Aufmerksamkeit und Kraft beim Schneiden der Linolplatte bedarf. Die Messer sind sehr scharf, die Hände rutschen leicht während des Schneidens ab usw. Unbedingt sollten nur Erwachsene mit großer Erfahrung mit einer sehr kleinen Gruppe von Kindern diese Technik durchführen und die Kinder beim Schneiden einzeln betreuen. Hilfreich sind auch spezielle Linolschnittplatten.

Durchführung – so wird es gemacht

Auf zurechtgeschnittene Styroporstücke ritzen die Kinder ihre Zeichnungen mit einem Kugelschreiber oder einem anderen spitzen Gegenstand ein. Sie können sich auch vorher überlegen, was sie gerne darstellen möchten, und Skizzen dazu anfertigen.

Ist die geritzte Styroporplatte fertig, so wird auf einer Druckplatte Druckfarbe ausgewalzt (s. unter Kap. 2.6.3). Dabei können auch mehrere Farben ineinandergewalzt und die Erfahrungen der anderen Druckverfahren eingesetzt werden.

Die eingefärbte Walze wird nun mehrmals über den Druckstock (die gestaltete Styroporplatte) gerollt, bis die Farbe gleichmäßig aufgetragen ist.

Nun wird ein Blatt Papier auf den eingefärbten, feuchten Druckstock gelegt und angedrückt. Das kann mit den Handballen, mit einem Löffel oder einer sauberen, trockenen Walze geschehen.

Schließlich wird das Papier langsam abgezogen und zum Trocknen ausgelegt oder aufgehängt. Zur Hängung eignen sich Clipboards, Klämmerchen an Schnüren und Ähnliches.

Abb. 76: „Die Spinne": Detail

Material – das wird benötigt
– Styroporpapier
– spitzer Gegenstand wie Kugelschreiber oder das hintere Ende eines Pinsels oder Kratzer von Wachsstiften
– Druckfarbe
– Druckplatte
– Walze
– Papier

Beobachtung – das kann man erkennen
Je dicker die Farbe aufgetragen ist, desto undeutlicher sind die geritzten Linien zu sehen.

2.6.5 Mit verschiedenen Materialien drucken

Idee – das ist der Grundgedanke
Nach der Durchführung einiger Drucktechniken sind Erfahrung und Fantasie der Kinder so weit gediehen, dass ihrer Experimentierfreudigkeit wohl kaum etwas im Wege steht.
Aus ihren Sammelkisten können sie sich unterschiedliche Gegenstände aussuchen und untersuchen, wie sie sich „im Druck" verhalten.

Materialien vielfältig einsetzen

Durchführung – so wird es gemacht
Mit einfachen Mitteln lassen sich interessante „Druckstöcke" entwickeln, mit denen vielfältige Strukturen gedruckt werden können.

Beispielsweise können die Kinder ein Stück Papier knüllen, in Farbe pressen oder mit dem Pinsel an der unteren Seite bemalen und auf ein Blatt drücken.

Sonnenblumen-, Gänseblümchen- oder Nelkenblüten können genauso als Druckstock benutzt werden wie Schrauben, Knöpfe oder Schwämme.

Die Kinder bemalen Stücke aus Wellpappe mit Farbe und Pinsel und drücken sie schnell (solange die Farbe noch feucht ist) aufs Papier. Es ergeben sich Hintergründe und Flächen, auf denen weiter gemalt und gestaltet werden kann.

Aus Moosgummi schneiden sich die Kinder eigene „Druckstöcke" und Stempel, die sie dann in ihre Bilder einbauen.

Tipp
Wird die Wellpappe gerollt, mit einem Faden zusammengebunden, mit einer Seite in Farbe getaucht und aufs Papier gestempelt, so erhält man schöne Rosenmuster.

Tipp
Auch breite Bänder können bestempelt und bedruckt werden, sodass die Kinder selbst gestaltetes Geschenkband erhalten.

Abb. 77: Das Geschenkpapier ist fertig.

Drucke vielfältig einsetzen
Diese sehr freien und experimentellen Drucke sind als Hintergründe für Bilder verwendbar, als Dekoration für Schachteln, Geschenkpapier (s. Abb. 77) und beispielsweise für Tapeten in einem Puppenhaus (s. Abb. 78). Auch selbst gebastelte Möbel aus Schachteln oder Dosen können mit selbst bedrucktem Papier passend zu den Tapeten beklebt werden.

Material – das wird benötigt
– Farbe
– Druckplatte
– Walze
– Pinsel und Schwämmchen
– Papier
– verschiedenste Materialien und Gegenstände zum Drucken

Abb. 78: Puppenhausmöbel und Tapete, gedruckt mit Salatherz-, Fenchel- und Lauchresten

Kapitel 2 | Die gestalterische Aufgabe

Beobachtung – das kann man erkennen
Die Kinder freuen sich am Sammeln „nutzloser" Dinge, von denen Erwachsene oft behaupten, dass sie auszusortieren oder wegzuwerfen sind, und erleben beim Drucken vielfältige Überraschungen, Verfremdungen und neue Ideen.

2.7 Rezeption: an Künstler heranführen

Tipp
Während der Auseinandersetzung mit Künstlern sollte Kindern immer die Möglichkeit und Zeit zu eigener Produktion gegeben werden.

Es ist wichtig, Kindern Kunst über einen Weg nahezubringen, der sie aus ihren persönlichen Themen und Erlebnissen heraus berührt.

Eine Möglichkeit wäre, ihnen eine persönliche Geschichte, ein Erlebnis oder eine Anekdote aus der Lebensgeschichte des jeweiligen Künstlers zu erzählen. Dazu können passende Kunstwerke zur Betrachtung ausgesucht werden, sodass die Kinder über die Identifikation mit der Gestalt des Künstlers einen Zugang zu seinen Werken erhalten.

> *[…] Ich bin für die blinkenden Künste, die die Nacht erhellen. Ich bin für die Kunst des Fallens, Plätscherns, Wackelns, Springens, An- und Ausgehens […].*
> Claes Oldenburg, Bildhauer, The store, Mai 1961
> (Laszlo Glozer, Westkunst. Zeitgenössische Kunst seit 1939, Du Mont Buchverlag, Köln, 1981, S. 265)

Buchtipp
Kinder erleben große Maler. Auf den Spuren von Monet, Renoir und anderen. Cordula Pertler, Don Bosco. Mit acht beispielhaften Bildbetrachtungen, Spielen, Liedern, einer CD-ROM und vielen Ideen zur Umsetzung im Kindergarten.

Eine andere Möglichkeit besteht darin, sich über eine bestimmte Technik an Kunstwerke anzunähern. Im Experimentieren mit gestalterischen Techniken finden die Kinder diese innerhalb der Kunstgeschichte wieder und treten so über ihre eigenen Arbeiten in einen kreativen Dialog mit den Werken anderer.

Geben die Kinder in einer Phase einem bestimmten Themenkomplex den Vorrang, so kann von diesem Thema ausgehend eine Kunstrichtung oder ein Künstler ausgesucht und gemeinsam betrachtet werden. Dabei können Themen und Techniken miteinander verbunden werden, sodass über ein ganzes Projekt hinweg verschiedene Kunstwerke vorgestellt werden können.

Ähnlich wie bei der Erarbeitung gewisser Themen lassen sich in der Kunstgeschichte einzelne Motive aussuchen, die die Kinder interessieren, wie z. B. die Darstellung von Tieren, Kindern, Stillleben usw.

Abb. 79: Kindergartengruppe während der Betrachtung einer Sonderausstellung von Kunstwerken des Malers und Bildhauers Jörg Immendorf

Kapitel 2 | Die gestalterische Aufgabe

Das Betrachten und anschließende Sprechen über Kunst fördert die Kinder sowohl in ihrer Sprach- als auch in ihrer Bildkompetenz. Bilder und Symbole werden bewusster aufgenommen und verarbeitet.

Kinder gezielt an Kunstwerke heranzuführen hat nicht zum Ziel, die Kinder zu hemmen, indem ihnen große Vorbilder vorgeführt werden, die ihnen als „Schablonen" präsentiert werden. Im Gegenteil, man möchte damit erreichen, die unendliche Vielfältigkeit künstlerischer Gestaltung, die auch wichtig für jede Persönlichkeitsentwicklung ist, darzulegen.

Gesprächstipp
Handelt es sich um ein gemaltes Bild oder um eine Fotografie? Mit welcher Technik könnte das Bild entstanden sein? Was stellt es dar? Gefällt euch das Bild?

2.7.1 Auf den Spuren großer Künstler

Aus zahlreichen möglichen Beispielen großer Kunstwerke und Künstler, die Kindern vorgestellt werden können, werden im Folgenden einige sehr experimentelle, eindrückliche angeführt. Mit einfach durchzuführenden Techniken können sich die Kinder den Kunstwerken annähern und einen kreativen Prozess nachempfinden, der ihnen Möglichkeiten für eine eigene, persönliche Entwicklung aufzeigt.

Beispiel Pollock: ein Kunstwerk erleben

> *Wenn ich in meinem Bild bin, bin ich mir nicht bewusst, was ich tue. Erst nach einer gewissen Zeit der „Bekanntschaft" damit sehe ich, was ich gemacht habe. Ich habe keine Angst davor, etwas zu verändern, das Bild zu zerstören usw., weil das Bild ein Eigenleben hat. Ich versuche, es durchkommen zu lassen. Nur wenn ich den Kontakt mit dem Bild verliere, ist das Ergebnis ein Reinfall. Ansonsten ist das die reine Harmonie, ein leichtes Geben und Nehmen, und das Bild entwickelt sich gut.*
> Jackson Pollock (aus: Jackson Pollock, „My Painting", in: Possibilities, no. 1:79, New York, Winter 1947.48, S. 78–83)

Jackson Pollock
Geboren 1912 in Cody/Wyoming, USA, gestorben 1956 in East Hampton, Long Island/USA. 1930–32 Kunststudium in New York (1931 in der Klasse Wandmalerei). Erste abstrakte Improvisationen 1946, die 1947 zum ersten „drip painting" führen, einem Malverfahren, bei dem der Künstler in spontaner Aktion Farbe auf großformatige Leinwände aufspritzt.

Innerhalb der abstrakten Malerei stellt das Werk von Jackson Pollock ein für Kinder sehr zugängliches Beispiel dar. Seine Offenheit, Experimentierlust und sein Ideenreichtum motivieren Kinder, selbst zu ungewöhnlichen Techniken zu greifen und sie auszuprobieren. Hier bedeutet das „Nacheifern" nach einem künstlerischen Vorbild keine Einengung der kindlichen Entwicklung, sondern Ermutigung, ihre Individualität und Fantasie auszuleben. Zusätzlich entwickeln die Kinder Freude bei der Betrachtung abstrakter Kunst.

Abb. 80: Mit Tannenzweigen schlagen ...

Kapitel 2 | Die gestalterische Aufgabe

Idee – das ist der Grundgedanke

Das Gestalten eines an Pollock angelehnten Werks sollte auf einem besonders großen Format als Gemeinschaftsarbeit ausgeübt werden. Ein gemeinschaftliches Arbeiten unterschiedlicher Altersstufen bietet sich hier besonders an, auch Hortkinder können sich beteiligen. Selbst die Wünsche und Möglichkeiten der Allerjüngsten können bei einem solchen Bild ausgelebt werden.

Durchführung – so wird es gemacht

Hilfe durch Erwachsene

Die Kinder suchen sich gemeinsam mit Erwachsenen Materialien zum Klecksen, Tropfen und Spritzen zusammen. Der Fantasie sind hierbei keine Grenzen gesetzt.

Ein großer Bogen Papier (z. B. aus mehreren Stücken zusammengesetzt) wird in der Mitte eines Raumes auf dem Fußboden ausgebreitet und mit Klebebändern befestigt, damit er nicht verrutschen kann. Die Kinder einigen sich, mit welchen „Werk"-Materialien sie anfangen wollen, das Bild zu gestalten.

Tipp
Die Löcher des Becherbodens dürfen nicht zu groß sein, da sonst zu viel Farbe hindurchläuft.

Beispielsweise werden die Böden leerer Joghurtbecher durchlöchert, am Becherrand zwei Löcher für eine Schnur gebohrt, die Schnur hindurchgezogen und verknotet, sodass sie eine Art Henkel ergibt. Jedem Kind wird die Abtönfarbe, die es sich aussucht, in seinen Becher gefüllt. Die Kinder schwenken ihre Becher über das Papier, sodass die Farbe aus den Löchern tropft und kleckst. Die pendelnde Bewegung des Bechers wird auf das Bild übertragen. Dabei bewegen sich die Kinder um das Papier herum. Sie entscheiden gemeinsam, wann sie mit dieser Technik aufhören, um zur nächsten überzugehen.

Hinweis
Die Wände des Raumes sollten weit vom Ort des Geschehens entfernt oder aber durch Planen geschützt sein. Im Sommer draußen.

Abtönfarbe wird in Teller gegossen. Die Kinder tauchen ihre Pinsel, Tannen- oder Kiefernzweige oder Ähnliches in die Farbe und spritzen sie über das gesamte Blatt. Sie schlagen auf das Papier, sie ziehen ihre Zweige hinter sich her.

In Spritztiere oder Spritzpistolen lässt sich mit Wasser verdünnte Farbe füllen. Jedes Kind spritzt seine ausgewählte Farbe an bestimmte Stellen des Bildes.

Solange die Farbe auf dem Papier noch frisch ist, setzen sich die Kinder an die Außenränder des Bildes und rollen sich kleine Bälle zu. Dadurch entstehen überraschende, vielfarbige Streifen (s. Abb. 81).

Nach jedem einzelnen Arbeitsschritt betrachten die Kinder das Bild gemeinsam und besprechen die Aufteilung der Flächen und Farben. So stellen sie fest, dass eine Farbe besonders schön wirkt, eine andere zu kurz kommt usw.

Tipp
Hängt das fertige Gemeinschaftsbild schon längere Zeit an der Wand, so können die Kinder entscheiden, ob sie es vielleicht auseinanderschneiden und unter sich aufteilen möchten.

Das fertige Bild muss mindestens eine Nacht auf dem Boden liegen bleiben und trocknen. Danach kann es aufgehängt werden und dem Kindergarten „Farbe geben".

Material – das wird benötigt

– eine große Papierfläche
– Klebeband
– Abtönfarben

Abb. 81: Mit Kugeln rollen ...

- Verschiedene Gegenstände und Materialien, z. B.:
    - durchlöcherte (Joghurt-)Becher zum Tropfen, an einer Schnur befestigt
    - Pinsel, Zahnbürsten, Tannen- oder Kiefernzweige, alte Besen zum Spritzen
    - Flummis oder andere kleine Bälle
    - Spritztiere oder Spritzpistolen

Die Kunst des Verhüllens: Christo & Jeanne Claude

> *Meine Arbeit ist nicht die Reproduktion einer Sache, sondern die Sache selbst, sie beschäftigt sich immer wieder mit dem realen Sachverhalt eines Ortes.*
> Christo, 1990

Idee – das ist der Grundgedanke

Mit Restbeständen von Papieren, Folien und Stoffen werden Gegenstände und Objekte verhüllt, die den Alltag der Kinder im Kindergarten begleiten. Das bedeutet, aus Alltagsgegenständen Rätselhaftes, Geheimnisvolles zu schaffen, andererseits aber auch durch das Verbergen ihren eigentlichen Charakter zu offenbaren.

Der Rätselcharakter eines Alltagsgegenstandes wird herausgearbeitet. Ein Gegenstand, den wir täglich sehen oder sogar benutzen, der für einige Zeit unter einer Hülle verschwindet, überraschende Formen annimmt, lässt den Betrachtern ein neues Bild entstehen. Beim Auswickeln ergibt sich dem entwöhnten Blick noch einmal ein neuer Anblick.

Da der verhüllte Gegenstand in seiner ursprünglichen Umgebung bleibt, zieht er die Verwandlung des Ortes selbst mit ein. Die Aufmerksamkeit auf die bekannte Umgebung der Kinder wird geschärft.

Durchführung – so wird es gemacht

Verschiedene Materialien und Schnüre zum Verhüllen werden zusammengetragen. Die Kinder suchen sich im Kindergarten Objekte aus, die sie gut kennen oder zu denen sie einen besonderen Bezug haben. Es ist auch interessant, einen Gegenstand auszusuchen, der eigentlich bedeutungslos erscheint.

Der Ort, an dem sich der Gegenstand normalerweise befindet, sollte beibehalten werden.

Mit den gesammelten Materialien werden die Objekte eingewickelt, mit den Schnüren festgebunden oder mit Klebeband festgeklebt.

Material – das wird benötigt

- ein von den Kindern gewählter Ort
- verschiedene Gegenstände und Objekte
- Papiere, Folien und Stoffe zum Einwickeln
- Schnüre und Kordeln zum Binden
- Schere
- Klebeband

Abb. 82: „Unsere Garderobe"

Christo & Jeanne Claude
Das Künstlerehepaar arbeitet seit 1961 gemeinsam an ihren „verhüllenden" Kunstprojekten. 1968 bekamen sie die Möglichkeit, an der documenta 4 in Kassel teilzunehmen. Bis heute arbeitet das Künstlerpaar an verschiedenen Verhüllungsaktionen und Großprojekten in Landschaftsräumen. 1995 verhüllten sie den Berliner Reichstag.

Gesprächstipp
Was verbirgt sich dahinter? Woran erinnert die neue Form? Hat der Gegenstand jetzt etwas Geheimnisvolles, vielleicht sogar Unheimliches an sich?

Hinweis
Die Verhüllung von Objekten kann auch im Außengelände stattfinden. Der Prozess des Zerfalls durch die Witterung gehört hier zum Kunstwerk, so wie der Entstehungsprozess auch.

Das Element, das am stärksten die Vergänglichkeit des Projektes vermittelt, ist der Stoff, den ich bei allen meinen Vorhaben verwende; er verdeutlicht die Zerbrechlichkeit und Verletzbarkeit der Dinge.
Christo, 1990

Tipp
Schön wirken auch leicht durchscheinende Materialien, die ein inneres Licht zu verbergen scheinen (s. Abb. 83).

Die Kinder arbeiten in kleinen Gruppen zusammen. Arbeiten sie in verschiedenen Räumen, so können sie sich nach Beendigung ihrer Arbeit ihre Werke gegenseitig vorstellen. Die Kinder versuchen zu erraten, um welchen Gegenstand es sich jeweils bei dem eingekleideten Objekt handelt.

Das kann man beobachten
- Manche Gegenstände sind so verfremdet, dass sie trotz ihrer großen Vertrautheit kaum wiederzuerkennen sind.
- Verborgenes zieht den Blick auf sich und reizt die Neugier der Betrachtenden.

Bezug zur Kunst
Über Techniken, Themen, Epochen, Namen …

Buchtipp
Klee 1879–1940, Susanna Partsch, TASCHEN Verlag, 2003

Weitere Künstler, zu denen Kinder einen leichten Zugang haben, sind:
– Paul Klee
– Marc Chagall
– Joan Miró
– Henri Matisse
– August Macke
– Franz Marc

Abb. 83: „Baum"

2.7.2 Puzzle anfertigen

Idee – das ist der Grundgedanke
Durch das eigene Zusammenpuzzeln eines Bildes wird das genaue Hinsehen geschärft und der Blick der Kinder geschult. Konzentriertes Beobachten, genaues Erinnern und gezieltes Zusammensetzen führen zur Rekonstruktion eines Bildes. Mit eigenen Ideen und Experimentierfreude können die Kinder selbst Kompositionen schaffen.

Durchführung – so wird es gemacht

Hinweis
Die einzelnen Teile des Bildes dürfen nicht zu klein sein, sodass der Wiedererkennungseffekt der Bildteile leichter eintreten kann.

Die Kopie eines den Kindern bekannten Bildes eines Künstlers wird in Teile zerschnitten und von den Kindern wieder zusammengesetzt. Dabei kann es sich sowohl um eine Schwarz-Weiß- als auch um eine Farbkopie handeln. Jedes der Kinder kann eine eigene Kopie eines Bildes bekommen und grob zerschneiden. Dann setzen sie diese wieder zusammen und kleben sie auf ein Blatt Papier.

Die Aufgabenstellung besteht darin, die Bilder so zu rekonstruieren, wie sie die Kinder in Erinnerung haben (nach gemeinsamem Betrachten von Bildern auf Postern, in Büchern oder im Museum). Dabei haben die Kinder besonders Spaß daran, in kleinen Gruppen zusammenzuarbeiten.

Kapitel 2 | Die gestalterische Aufgabe

Diese Aktivität kann auch noch während eines Museumsbesuchs selbst durchgeführt werden.

Als zweite Aufgabenstellung kann die Komposition eines neuen Bildes erfolgen. Die Kinder setzen die Puzzleteile frei zusammen, indem diese auch übereinanderlappen dürfen oder Zwischenräume aufweisen. Nachdem sie ihre eigene Kreation aufgeklebt haben, gestalten sie diese farbig (wenn es sich um eine Schwarz-Weiß-Kopie handelt).

Aufgabenstellung durch Erwachsene

Material – das wird benötigt
- Kopien von Kunstwerken (DIN-A4 oder DIN-A3)
- Schere
- Papier als Untergrund
- Klebstoff
- eventuell Farben, um die geklebten Puzzleteile selbst anzumalen

Bezug zur Kunst
Beispiele von Kunstwerken, die schon in sich etwas von zusammengesetzten Teilen aufweisen, sind in den Collagen des Kubismus zu finden, in der Malerei Picassos oder aber auch bei Hundertwasser.

Buchtipp
Im Prestel Verlag sind einige „Kunst-Stickerbücher" zu einzelnen Künstlern wie Paul Klee und Joan Miró erschienen.

Buchtipp
Träume ernten – Hundertwasser für Kinder: Träume ernten im Reich des Maler-Königs, Barbara Stieff, Prestel, 2007

Abb. 84: Nach Joan Miró, mit eigenen Farben

Friedensreich Hundertwasser war österreichischer Maler und Architekt. Er wurde 1928 in Wien geboren und starb 2000 an Bord der Queen Elizabeth 2. Seine Werke zeichnen sich durch bunte Farben und weiche, organische Formen (Rundungen, Spiralen usw.) aus. Auch in Deutschland sind einige Bauwerke von Hundertwasser zu sehen, so z. B. der Bahnhof in Uelzen, die Hundertwasserschule in Wittenberg und das Ronald McDonald Haus in Essen. Seine Gemälde, Collagen, Mosaiken und Gebäude hinterlassen oft traumartige Eindrücke.

2.7.3 Stillleben aufbauen

Was nützen Kerze oder Brill', wenn die Eul' nichts sehen will.
Pieter Claesz, zu seinem „Stillleben mit brennender Kerze", 1627

Idee – das ist der Grundgedanke
Beim Zeichnen eines Stilllebens im Kindergarten geht es nicht um das naturgetreue Abbilden der Gegenstände. Den Kindern wird Gelegenheit gegeben, die Komposition der Objekte in ihrer Gesamtheit zu erfassen und aufs Papier zu übertragen.

Überdies überlegen sich die Kinder eigene Kompositionen aus Dingen, die ihnen wichtig sind, Dingen, die sie gesammelt haben, wie z. B. Blätter, Muscheln, Schneckenhäuser, Steine, Zapfen, Eicheln oder Kastanien.

Durchführung – so wird es gemacht
Zunächst ist es von Vorteil, den Kindern ein Stillleben als Überraschung aufzubauen, das ihre gestalterischen Fähigkeiten anregt. Das bedeutet, Gegenstände auszuwählen, die in ihrer Form nicht zu komplex

Definition
Stillleben ist die künstlerische Darstellung lebloser Dinge. Zunächst galt im Mittelalter das Stillleben (frz. nature morte) noch nicht als eigenständige Kunstgattung. Im 17. Jahrhundert entstanden in Holland aufgrund der großen Beliebtheit und des hohen Werts viele „Blumenporträts".

oder kompliziert sind, sondern die durch ihre Einfachheit und ihre ansprechenden Farben zu einer freien Gestaltung führen, wie Früchte oder Blumen.

Die Kinder setzen sich mit ihren Zeichenmaterialien um das Stillleben und versuchen, ihre Eindrücke aufs Papier zu bringen. Als Einstieg werden Wasserfarben gewählt, sodass hier die Farbgebung im Vordergrund steht.

Später können die Kinder, die sich gern mit dem Thema weiterbeschäftigen möchten, sich ein eigenes Stillleben zusammenstellen (z. B. im Sommer bei einem Ausflug ein Strauß selbst gepflückter Wiesenblumen) und die Maltechnik selbst auswählen.

Hinweis von Erwachsenen
Es geht nicht um naturgetreues Abbilden, sondern um den persönlichen Eindruck, den das Stillleben hinterlässt.

Abb. 85: Ein Strauß Blumen leuchtet in vielen Farben.

Tipp
Bei einer größeren Gruppe kann das Stillleben auch auf dem Fußboden postiert werden, sodass die Kinder mehr Platz zum Malen und Zeichnen haben.

Material – das wird benötigt
– Papier
– Zeichen- und Malmaterial
– eventuell Zeichenbretter
– Objekte für das Stillleben
– ausreichend Platz, um sich um das Stillleben herumzusetzen

Das kann man beobachten
- Blumen welken unterschiedlich schnell.
- Die Blütenfarben verändern sich von Tag zu Tag.
- Einige Farben der Blumen werden durch den Vergänglichkeitsprozess noch intensiver.

> *Kapitel 2* | Die gestalterische Aufgabe

> *nasci-pati-mori: Werden und Vergehen.*
> Joris Hoefnagel, Maler und Kupferstecher (1542–1601), 1592

Bezug zur Kunst

Natürlich gibt es eine große Anzahl an Stillleben in der Kunstgeschichte. Möchte man Kindergartenkinder mit dem Betrachten ausgewählter Stillleben von Künstlern zum eigenen Malen anregen, so eignen sich eher Stillleben der Moderne, beispielsweise von Max Beckmann oder von Paul Cézanne. Hier werden keine Raritäten, sondern im Gegenteil unspektakuläre Alltagsgegenstände abgebildet. Eckige und runde Formen, Hell-Dunkel-Kontraste ergeben eine in sich ausbalancierte Bildordnung. Als Fortführung dieser Kompositionen ist z. B. das „Spanische Stillleben" von Henri Matisse zu verstehen, bei dem sich die Formen immer mehr auflösen.

Aber auch die Blumenporträts der Barockmalerei sind für Kinder interessant, wenn sie auf Einzelheiten und Bedeutungen aufmerksam gemacht werden. Es handelt sich bei diesen Stillleben nicht nur um reale Sträuße, sondern um Symbole für Reichtum ferner Länder, weil diese Blumen Raritäten waren. Sie stellten Symbole für die Jahreszeiten dar, da zu unterschiedlichen Zeiten blühende Blumen gleichzeitig in einem Strauß abgebildet wurden. Blumen und Früchte waren Symbole für Vergänglichkeit des Reichtums und den Wechsel in der Natur. Manches Mal zielen die Darstellungen auch auf Charaktereigenschaften wie Geiz, Stolz, Unschuld, Leidenschaft usw.

Hinweis
Schon in der altägyptischen, hellenistischen und römischen Kunst findet man auf Wandbildern, Mosaiken oder Reliefs Gegenstände dargestellt, die bestimmte Bedeutungen hatten, wie z. B. Kultgefäße.

Sind die Kinder an weiteren Stillleben interessiert, so können ihnen eine Vielzahl an interessanten Abbildungen mit Wunderdingen des Mittelalters gezeigt werden, auf denen abstruse, seltene Gegenstände zu entdecken sind. Dazu gehören Abbilder naturwissenschaftlicher Instrumente, die der Forschung, der Mathematik, Navigation und Zeitmessung dienten.

Mehr Informationen sind unter anderem zu finden unter:
http://www.kusem.de/lk/still/still.htm
http://lexikon.meyers.de/meyers/Stillleben

2.7.4 Landschaften malen

> *Wenn du in allerlei Gemäuer hineinschaust, das mit vielfachen Flecken beschmutzt ist, oder in Gestein mit verschiedener Mischung – hast du da irgendwelche Szenerien zu erfinden, so wirst du dort Ähnlichkeiten mit diversen Landschaften finden […].*
> Leonardo da Vinci (1452–1519)

Idee – das ist der Grundgedanke

Der Zugang zu Landschaften geht bei Kindern oft über das Erfassen einer Stimmung, die sie aus eigener Erfahrung kennen, oder über die Farben, da in der Landschaft selbst selten etwas Aufregendes geschieht.

Da die Landschaftsbetrachtung von Kindern hauptsächlich als Hintergrund wahrgenommen wird, lässt sie sich als „Bühne" für eine Geschichte benutzen.

Sind die Kinder für das Thema Landschaft schon sensibilisiert, so kann diese als Hauptmotiv weiterbearbeitet werden.

Durchführung – so wird es gemacht

Die Kinder suchen sich ein eigenes Bild aus, das ihnen besonders gefällt und mit dem sie eine Geschichte erzählen; z. B. ist darauf ein Kind und dessen Familie in einem Boot zu sehen. Mit gezielten Fragen lassen sich die Erwachsenen die Geschichte zu der Bootsreise erzählen. Auf diese Weise kommt das Kind zu immer genaueren Details in Bezug auf die Umgebung seiner Geschichte, die es schließlich in einem weiteren Bild darzustellen versucht, z. B. stellt es nun das stürmische Meer, hohe Wellen und dicke dunkle Wolken dar.

Zusammenarbeit zwischen Kindern und Erwachsenen

Das Boot taucht in diesem Bild vielleicht nur noch als ein kleiner Fleck auf, die Umgebung steht thematisch im Vordergrund.

Es können auch bestimmte Themen im Vordergrund stehen, mit denen sich die Kinder im Kindergarten gerade beschäftigen, wie z. B. die Tarnung der Tiere, die sie in Landschaftsbilder einbetten. Dazu eignen sich Versuche mit verschiedenen Gestaltungstechniken, um zu unterschiedlichsten Ergebnissen zu kommen.

Material – das wird benötigt
– Große Papiere
– Je nach angewandter Technik verschiedenste Mal- und Zeichenutensilien

Caspar David Friedrich
Der Maler der deutschen Romantik wurde 1774 in Greifswald geboren. Seine zahlreichen Landschaftsbilder tragen meist allegorische Bedeutungen in sich. Er lebte viele Jahre in Dresden, wo er 1840 starb. Unter seinen Zeitgenossen gerieten seine Werke schnell in Vergessenheit, bis sie im 20. Jahrhundert wiederentdeckt wurden.

Abb. 86: Laufender Affe vor Sonnenuntergang, Mischtechnik

Wetter auf Bildern ausdrücken
Auf vielen Landschaftsbildern lässt sich die Faszination der Künstler für Wetterphänomene erkennen.

Den Kindern werden Kunstwerke mit mehreren Beispielen zu unterschiedlichen Wetterverhältnissen gezeigt. Sie versuchen, das Wetter auf den Bildern zu beschreiben und zu benennen. Auf den Bildern sind beispielsweise verschiedenste Wolkenformationen und Himmelsfärbungen zu sehen, auch Vollmondnächte oder stürmische Meere sind häufig abgebildet worden.

Die dargestellten Wetterlandschaften drücken ganz bestimmte Stimmungen aus, die die Kinder zu erfassen versuchen. Dann sucht sich jedes Kind eine „Wetterlandschaft" aus, die es in ein stimmungsvolles Bild umsetzen kann. Hierzu eignen sich großflächige Darstellungen mit Wasserfarben.

Tipp: „Wetterorchester"
Mit verschiedenen einfachen Musikinstrumenten können die Kinder versuchen, die jeweiligen Wetterphänomene in Töne umzusetzen: Regentropfen prasseln (Rasseln), Donner grollen (Trommeln), Blitze zischen (Klanghölzer aneinanderreiben) und Wind heult (durch Papprollen pusten).

Abb. 87: Es blitzt und donnert, es regnet und stürmt.

Material – das wird benötigt
- große Papiere
- Wasserfarben
- Pinsel
- Schwämmchen

Leuchtende Farben einsetzen
In den ersten Jahren setzen Kinder ihre Farben nicht nach Kriterien ihrer realen Umgebung ein. Sie benutzen ihre Lieblingsfarben oder besonders auffallende Farben.

Die Freude an leuchtenden, starken Farben kann durch Erwachsene unterstützt werden, indem sie die Farbwahl der Kinder akzeptieren und sie in ihrer Individualität ermutigen.

Als Beispiel aus der Kunstgeschichte für außergewöhnliche Farbgebung können Werke des Expressionismus und des Fauvismus herangezogen werden.

Aufgabe für Kinder wäre hier die Gestaltung der Farben und Flächen. Das bedeutet, keine bestimmten Motive darzustellen, sondern das Blatt in großzügige Flächen aufzuteilen und mit unterschiedlichen Farben zu gestalten.

Auf ein solches Landschaftsbild können die Kinder später, wenn gewünscht, ein, höchstens zwei Motive setzen (s. Abb. 86).

Fauvismus
Die Fauves (frz. Wilde) entwickelten sich im ersten Jahrzehnt des 20. Jahrhunderts und setzten ungebrochene, starke Farben ein. Sie liebten die Komplementärfarben, um die individuelle Farbwahrnehmung zu verstärken. Henri Matisse war z. B. einer ihrer Vertreter.

Material – das wird benötigt
- Papier
- Ölkreiden, Pastellkreiden oder Wachsmalstifte
- Tempera-, Gouache- oder Abtönfarben

Bezug zur Kunst
Schlichte Landschaften mit großer Weite, tief liegenden Horizonten und eindrucksvollen Farben finden sich beispielsweise unter den Kunstwerken Emil Noldes. Die Kinder können sich von den Farbverläufen, der Einfachheit der Landschaftsdarstellung und der charakteristischen Stimmung nordischer Landschaft zu eigenen Bildern anregen lassen. Auch die Nass-in-nass-Technik ist bei Noldes Aquarellen gut zu erkennen, sodass den Kindern nichts zur Technik gesagt werden muss. Sie haben auf diese Weise die Gelegenheit, sich in ihren eigenen Techniken auszuprobieren oder auch sich an Noldes Aquarelle heranzuarbeiten.

2.8 Vermittlung: Museumsbesuche lebendig gestalten

Damit ein Museumsbesuch für Kindergartenkinder nicht langweilig oder zu anstrengend verläuft, ist eine sorgfältige Vorbereitung wichtig. Das bedeutet, den zeitlichen Rahmen abzustecken, sodass der Ausflug nicht zu lang wird, sondern eher zu kurz, so wird bei den Betrachtenden Lust geweckt, wiederzukommen, denn ihre Neugier ist angeregt, aber noch nicht bis ins Letzte befriedigt.

Emil Nolde
Der Künstler wurde 1867 in Buhrkall geboren. Während seiner Jugend lebte er auf dem elterlichen Hof in Nordfriesland. Ab 1884 besuchte er die Kunstgewerbeschule in Flensburg. 1941 erhielt er Malverbot, da seine Kunstwerke als „entartet" diffamiert wurden. Erst daraufhin distanzierte er sich von der NSDAP. Er malte im Geheimen kleinformatige Bilder weiter, die er später die „ungemalten Bilder" nannte. 1956 starb er in Seebüll.

Kapitel 2 | Die gestalterische Aufgabe

Hinweis
Eine Vielzahl unterschiedlichster Museen bietet eine große Bandbreite an Themen, die Kinder in eigenen kreativen Gestaltungen umsetzen können (s. Abb. 6 und 89).

Abb. 88: Ein riesiger Amethyst lässt die Kinder staunen. (Teil einer Wunderkammer der „Olbricht Collection" während einer Sonderausstellung im Museum Weserburg 2008)

Regeln für den Museumsbesuch:
„Nichts anfassen!" Nicht rennen, nicht toben, nicht essen und trinken: Versicherungsschaden unbedingt vermeiden. Die Regeln lassen sich in die Vorbereitungen mit einbeziehen und begründen.

Es sollte den Kindern auch die Möglichkeit gegeben werden, selbst etwas zu entdecken und zu erforschen, indem sie nicht mit Informationen überfrachtet werden sondern unvoreingenommen auf die Werke zugehen können.

Der Museumsbesuch kann kindgerecht vorbereitet werden, indem die Kinder etwas vorschlagen können, das sie interessiert, das mit ihrem Alltag zusammenhängt und das sie sich im Grunde selbst ausgesucht haben.

Vorbereitung durch Erwachsene

Abb. 89: Umsetzung des Amethysten: „wie bekomme ich das Glitzern hin?", Collage aus Monotypie

Abb. 90: Untersuchen der Größenverhältnisse: Abbild und Realität. „Luciano", Werk des schweizerischen Künstlers Franz Gertsch, Neues Museum Weserburg Bremen, Stiftung Ludwig-Roselius

Kapitel 2 | Die gestalterische Aufgabe

Die Erwachsenen wählen die Kunstwerke vorher gezielt aus und beschränken die Auswahl auf zwei bis drei Objekte. Im Gegensatz zu den Kindern ist es für die Erwachsenen wichtig, sich auch inhaltlich auf die jeweiligen Werke und ihre Künstler vorzubereiten, um auf Fragen antworten zu können oder während der Nacharbeitung Anregungen zu geben.

> *„Es gibt doch einen Realismus, der grundverschieden ist von dem Naturalismus. Viele Maler fühlen eine Lebendigkeit auf sich einstürmen, die wieder heraus will. Ein selbständiges Werk, als Reaktion auf die Wirkung, die dieses tolle Leben auf uns macht. Wie sich die Musik zur geräuschvollen Natur verhält, so verhält sich die Malerei zur sichtbaren Natur. Wir ordnen instinktiv, während wir aus diesem Chaos schöpfen … Für uns ist doch nur der Prozeß des Erkennens wichtig, des Formens aus diesem wirren Hirn heraus."*
> August Macke, Maler (1887–1914)
> (Aus einem Brief an Ernst Grisebach, Jena. Bonn, 20. März 1919. Zitiert nach: Gustav Vriesen, August Macke, Kohlhammer, Stuttgart, 1953. S. 261; zitiert nach: Expressionisten. Die Avantgarde in Deutschland 1905–1920, Henschelverlag Kunst und Gesellschaft, Berlin, 1986. Gesamtleitung Ausstellung und Katalog: Günter Schade, Manfred Ohlsen)

Zur Vermeidung von Ermüdung und Konzentrationsverlust können unterschiedliche Sinne mit in die Vermittlungsarbeit einbezogen werden. Findet indessen ein „Methodenwechsel" statt, wie z. B. Wechsel zwischen Selbstgestalten, Sichbewegen, Sich-auf-das-Kunstwerk-konzentrieren, Aufnehmen, Darüber-Sprechen, Verarbeiten, Vorbereiten, Etwas-Ausprobieren, Zuhören (und Selbst-Töne-Hervorbringen), wird die Aufmerksamkeit der Kinder über einen längeren Zeitraum erhöht und ihre Gehirntätigkeit angesprochen.

Tipp
Den Kindern leuchtet die Erklärung ein, dass sie bei der Betrachtung zu vieler Kunstwerke keines wirklich sehen. Bei der Betrachtung einiger weniger hingegen haben sie die Möglichkeit, sich darauf intensiv einzulassen.

Hinweis
Methodenwechsel bedeutet auch, dass die gewählten Kunstwerke verschiedenen Gattungen zugeordnet sind, wie beispielsweise Malerei, Plastik oder Installation.

Abb. 91: Bei einem Lege- und Schiebebild können sich alle beteiligen, ohne den Museumsraum zu schädigen.

Kapitel 2 | Die gestalterische Aufgabe

2.8.1 Skulpturen nachstellen

Hinweis
Ein anderer Begriff für Skulptur ist die Plastik, aus dem Griechischen plastike, also „Bildhauerkunst".

Idee – das ist der Grundgedanke

Bei Skulpturen handelt es sich um ein plastisches, dreidimensionales Bildwerk: Das kann eine Figurengruppe oder auch ein Standbild sein. Sie bestehen aus unterschiedlichsten Materialien wie Holz, Metall, Pappmaschee, Marmor, Stoff usw.

Da Kinder besonders aufmerksame Beobachter sind, entgeht ihnen meistens nicht der Aufforderungscharakter, der in einem Kunstwerk liegt. Eine Skulptur ist von allen Seiten zu sehen. Die Kinder können darum herumgehen und sich durch den Raum bewegen. Eine ausgestellte Skulptur gestaltet den Raum, in dem sie frei steht, sie greift in ihre Umgebung ein.

Durchführung – so wird es gemacht

Um die Skulptur oder Figurengruppe bilden die Kinder einen Sitzkreis und lassen die Kunstwerke erst einmal auf sich wirken.

Handelt es sich um menschliche Abbilder, so fällt den Kindern meist besonders deren Bewegungslosigkeit und Stummheit im Gegensatz zu ihrer eigenen Lebendigkeit auf.

Gesprächstipp
Welcher Unterschied besteht zwischen euch und diesen Skulpturen? Wie ist das, so stumm und bewegungslos im Raum zu stehen? Möchtet ihr an der Stelle der Figuren hier stehen? Was ist das für ein Gefühl?

Zur Betrachtung von Plastiken mit Kindern eignet sich ein aktiver, „theatralischer" Ansatz besonders gut. Zunächst untersuchen sie die Größenverhältnisse zwischen sich und den Skulpturen. Entsprechen die Maße der Realität?

> *Ich beobachte mein Modell lange, ich verlange von ihm keine bestimmte Pose, ich lasse es frei im Atelier herumgehen wie ein aus dem Stall entronnenes Pferd und ich halte die Beobachtungen fest, die ich dabei mache.*
> *Auguste Rodin, französischer Bildhauer und Zeichner (1840–1917)*

Die Kinder werden dazu angeregt, die Positionen der Figuren nachzustellen. Sie verharren eine Weile regungslos, bevor sie sich von ihrer Stellung lösen und an einem anderen Punkt im Raum eine neue Position einnehmen. Bei der Koordination ihrer Körperteile helfen ihnen eventuell Erwachsene.

In welche Richtung würde sich die Figur bewegen, wenn sie lebendig wäre? Was machten die Hände, in welche Richtung neigte sich der Kopf? Die Kinder versuchen, die Bewegungen vorzuführen. Sie bewegen sich mal aufeinander zu, mal voneinander weg. Sie versuchen, die Skulptur einzukreisen, sich gegebenenfalls an den Händen zu halten.

Namensgebung
Weiß jemand von euch, warum eure Eltern euch eure Namen gegeben haben? Kennt ihr die Bedeutung eurer Namen? Was könnte sich der Künstler bei seinem Titel für das Kunstwerk gedacht haben?

Im Sitzkreis überlegt sich jedes Kind einen Namen für die Skulptur. Den Namen flüstern sie dem Nachbarn ins Ohr wie bei dem Spiel „Stille Post". Sie wählen einen Namen gemeinsam aus. Sie flüstern der Figur den Namen zu. Der Name füllt den Raum. Schließlich sprechen sie den Namen laut aus, rufen ihn dem Objekt zu. Sie horchen, wie lange der Nachhall ihrer Stimmen im Raum verbleibt oder ob der Klang gleich verschluckt wird.

Jedes Kind spricht erst leise dann lauter seinen eigenen Namen. Ein Kind fängt an, dann geht es reihum. Sie murmeln gleichzeitig leise die unterschiedlichen Namen im Chor und hören auf diese neuartige Komposition.

Abb. 92: Wie nehmen die Figuren Kontakt zueinander auf? (Juan Muñoz, *Conversacion*, in der Ausstellung „Welten", Neues Museum Weserburg Bremen)

Ein Erwachsener gibt durch hebende oder senkende Arme die Lautstärke an. Diese Funktion kann auch von einem Kind übernommen werden.

Nach einer Schlussgeste verrät ein Erwachsener den Titel des Kunstwerks und den Namen des Künstlers. Alle sehen sich die Plastik noch einmal genau an. Finden sie den Titel des Kunstwerks passend? Verrät der Titel den Namen der Figur? Handelt es sich um eine Figur, die es wirklich gegeben hat? Wie könnte ihre Geschichte sein?

Um die Raumposition zu erfassen, erforschen die Kinder, wie das Gefühl im Raum ist. Handelt es sich um eine Figurengruppe, beobachten sie, wie die Skulpturen angeordnet sind: Stehen sie dicht oder haben sie viel Platz? Treten sie in Beziehung zueinander oder stehen sie vereinzelt ohne Zusammenhang da?

Juan Muñoz
Der spanische Künstler wurde 1953 in Madrid geboren. Er wurde durch seine Objekte, Performances und Installationen bekannt. 2001 starb er auf Ibiza.

Welche Stimmung strahlen die Skulpturen aus? Sind sie traurig, verzweifelt, gleichmütig, fröhlich, glücklich, wütend, beleidigt …? Die Kinder betrachten den Gesichtsausdruck und die Körperhaltung der Skulpturen aufmerksam. Sie besprechen, wie die Beziehung der Figuren untereinander wirkt. Die Kinder versuchen, diese Beziehung nachzustellen, ihre Gedanken dazu weiterzuführen und schließlich in einem kurzen Stück nachzuspielen. Dazu bilden sie kleine Grüppchen.

In einem abschließenden Sitzkreis wird noch das verwendete Material besprochen, aus dem die Plastiken bestehen (im Fall von Muñoz handelt es sich häufig um Stoff oder Bronze). Weitere Informationen über den Künstler und sein Kunstwerk können von Erwachsenen hinzugefügt werden, indem auf die Beobachtungen der Kinder Bezug genommen wird. Oder es werden Vergleiche angestellt, z. B.: „Ja, der Künstler arbeitet viel und gern mit Holz. Er arbeitet mit Hammer und Meißel, manchmal sogar mit der Axt." Die Technik kann eventuell zu einem späteren Zeitpunkt im Kindergarten näher erklärt werden.

Tipp
Nach der Vorführung der einzelnen Grüppchen raten die Zuschauenden, um welche dargestellten Emotionen es sich handeln könnte.

Vielleicht haben die Kinder schon selbst mit einem ähnlichen Material gearbeitet oder möchten gern im Kindergarten modellieren. Aus einem Museumsbesuch kann sich eine Reihe an gestalterischen Aktivitäten entwickeln, die immer wieder Bezug auf die betrachteten Kunstwerke nehmen. In der Bibliothek finden die Kinder eventuell Bücher zu dem Künstler, den sie schon im Museum kennengelernt haben.

Eigenes modellieren

Sind die Kinder noch weiterhin aktiv und interessiert, können sie direkt vor Ort Skizzen anfertigen. Sie werden merken, dass es gar nicht einfach ist, eine plastische Figur abzubilden. Sie können versuchen, das abzubilden, was ihnen als besonders wichtig erscheint: die Stellung, der Ausdruck oder ihre Position im Raum.

Abbilden, um das Gesehene zu erfassen

Nachbereiten im Kindergarten
Als Nachbereitung im Kindergarten denken sich die Kinder eine Geschichte zu der gesehenen Skulptur aus. Was könnte sie erlebt haben? Aus welchem Land könnte sie kommen?

Erarbeiten die Kinder gemeinsam in der Gruppe eine Geschichte, so können sie ein „Bilderbuch" gestalten, in dem die Geschichte in Zeichnungen und Bildern dargestellt wird.

Vielleicht liegt einer Gruppe der performative Ansatz auch mehr, sodass sie ein kleines Theaterstück zu der Geschichte entwickelt.

Material – das wird benötigt
– Zum Skizzieren vor Ort: Klemmbretter, Papier, Bleistifte
– Zeichen- oder Malutensilien zur Nachbereitung
– Eventuell Modelliermassen zur Herstellung eigener Plastiken (verschiedene Techniken in Kap. 2.9)

Festhalten der Geschichte durch Erwachsene

2.8.2 Gemälde betrachten

Idee – das ist der Grundgedanke
Was hat der Künstler da gemalt? Wie hat er das gemalt? Mit welcher Farbe, auf welchem Material hat er gearbeitet?

Durch genaues Hinschauen versuchen die Kinder zu erkennen, was sich auf dem Gemälde befindet, und es in Worte zu fassen. Auch die angewandte Technik versuchen sie herauszufinden.

Dabei schärfen sie ihre Wahrnehmung, erinnern sich an andere gesehene Dinge, schaffen selbstständig Verknüpfungen, stellen Zusammenhänge her und versuchen diese mitzuteilen. Gesehenes wiederzuerkennen ist eine Vertiefung der Fähigkeit, Symbole und Schriftzeichen zu erfassen.

Außerdem entwickeln die Kinder die Befähigung, in Bildern Angedeutetes weiterzudenken und zu interpretieren. So kann ein Bild auch der Ausgangspunkt zu einer Geschichte oder einem ganzen Projekt im Kindergarten sein, indem sich durch die Beschäftigung damit ein Thema entwickelt, das die Kinder auf mehreren Ebenen, über einen längeren Zeitpunkt hinaus interessiert.

Durchführung – so wird es gemacht

Buchtipp
Projektarbeit in KiTa und Kindergarten. Entwickeln – durchführen – dokumentieren, *Petra Stamer-Brandt, Herder Verlag, 2006.*

Die Kinder setzen sich im Halbkreis vor das ausgewählte Gemälde und betrachten es in Ruhe. Mit einer Eingangsfrage regen die Erwachsenen das Gespräch an; z. B. lassen sie die Kinder nach etwas Bestimmtem auf dem Bild suchen.

Ein Gemälde kann auch als „Suchbild" angeboten werden, auf dem gleich mehrere Motive oder Situationen entdeckt werden können. Die Kinder können die gefundenen Details beschreiben oder aber selbst weitere Suchaufträge erteilen.

Nach mehreren Erfahrungen mit der Betrachtung von Gemälden vergleichen die Kinder die gesehenen Bilder: z. B. ein ähnliches Motiv (ein Porträt, ein Haus, ein Stillleben) von verschiedenen Künstlern gemalt, Bilder aus verschiedenen Epochen mit ähnlichen Motiven (Landschaften, Schiffe, Menschengruppen).

Tipp
Je nach Museum und Thema ist es möglich, ein Suchspiel zu veranstalten. Die Kinder suchen selbstständig nach bestimmten Details oder Kunstwerken, müssen aber von Erwachsenen begleitet werden (wegen der Aufsichtspflicht im Museum).

Im Kindergarten kann das Gesehene selbst ins Bild gesetzt werden. Dabei wird den Kindern vorerst möglichst freigelassen, wann und in welcher Form dies stattfindet.

Abb. 93: Ganz genau hinsehen („Luciano" des schweizerischen Künstlers Franz Gertsch, Neues Museum Weserburg Bremen, Stiftung Ludwig-Roselius)

Material – das wird benötigt
- eventuell Kopien der Kunstwerke oder der Künstler
- Zeichen- und Malmaterial
- spezielles Material oder Objekte, die einen Zusammenhang mit dem Kunstwerk haben
- Informationen für die Erwachsenen über die Kunstwerke und Künstler

Anregungen – das kann Kinder aktivieren
- Schwarz-Weiß-Kopien von Gemälden verteilen, verschiedene zur Auswahl. Die Kinder gestalten sie farbig. Die Technik kann vorgegeben werden, z. B. je nach Thema, Motiv, Projekt, das gerade im Kindergarten stattfindet.

- Die Farben des gesehenen Bildes auf eine Kopie übertragen, z. B. im Kindergarten aus der Erinnerung oder absichtlich mit eigenen Farben gestalten und dann mit dem Original vergleichen. Verändert sich die Wirkung, die Stimmung?

2.8.3 Installationen erleben

Idee – das ist der Grundgedanke
Für Kindergartenkinder ist der Bezug zu Installationen sehr direkter Art. Denn oft ist solch ein Kunstwerk begehbar oder durch einen Mechanismus werden Bewegung oder Klänge ausgelöst.

Installationen lassen sich eher im Bereich der zeitgenössischen und der „jungen" Kunst finden (z. B. unter www.art-research.de).

Auch innerhalb des städtischen Raums sind immer wieder Installationen zu finden.

Installationen sind in verschiedenen Umsetzungen möglich: Video-, Klang- und Lichtinstallation. In verschiedenen Kunstformen wie der Medienkunst oder der Kinetik sind immer wieder Installationen zu finden.

Definition
In der bildenden Kunst versteht man unter Installation ein dreidimensionales Kunstwerk, das raumgreifend, ortsgebunden oder ortsbezogen, zum Teil auch situationsbezogen ist. Eine Installation ist sowohl in Innenräumen als auch in Außenräumen möglich.

Durchführung – so wird es gemacht
Bevor die Kinder den Raum mit der Installation betreten, sammeln sie sich am Eingang und kommen dort zur Ruhe. Sie können sich an den Händen fassen und langsam und schweigend den Raum zu zweit betreten. Handelt es sich um eine größere Installation, die aus mehreren Objekten besteht, führt ein Erwachsener sie vorneweg in den Raum.

Lichtinstallation
Im Bereich der Installationen stellt Lichtkunst eine eigene Gattung dar. Einige Künstler schaffen ganze Lichträume (z. B. der dänisch-isländische Künstler Olafur Elíasson). Andere spielen mit Leuchtschriften im öffentlichen Raum (z. B. die Leuchtschriftenwerke von Jenny Holzer).

Dazu gehören noch Film-, Video- und Performancekunst. Dabei taucht beispielsweise als Thema der menschliche Körper zwischen Licht und Schatten auf (z. B. bei der niederländischen Medienkünstlerin Nan Hoover).

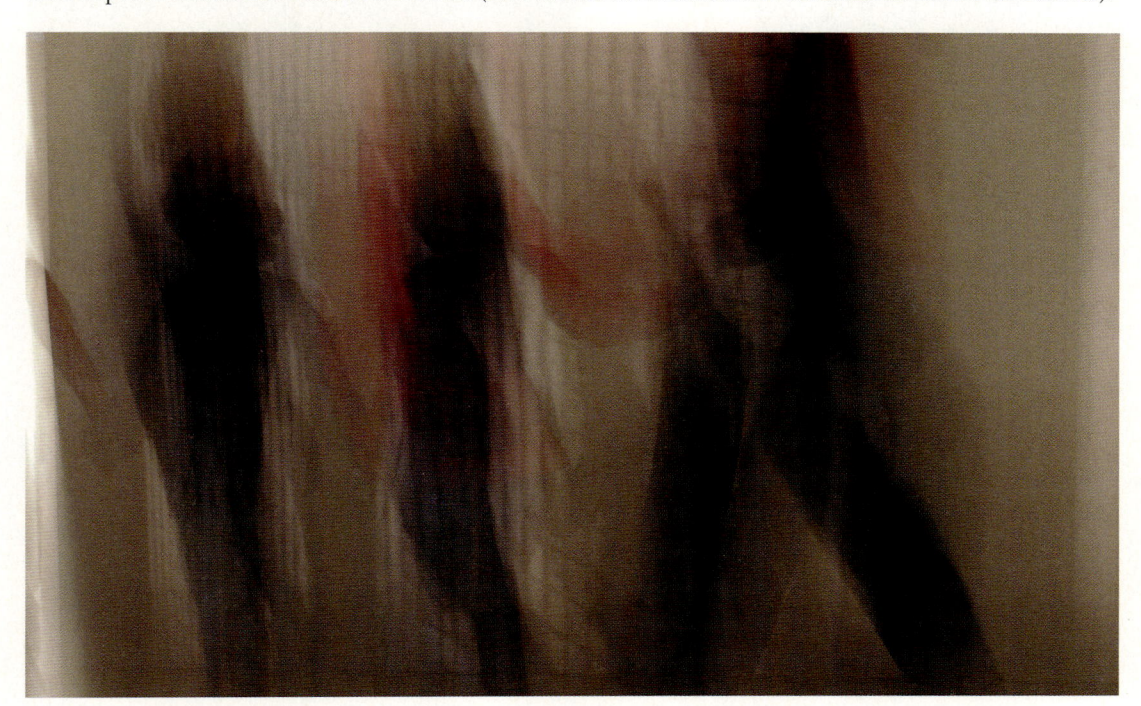

Abb. 94: Bewegte Schatten

Kapitel 2 | Die gestalterische Aufgabe

Sinnliche Herangehensweise

Licht und Schatten verwandeln die alltäglichen Erscheinungen und zeigen somit das Gewohnte in neuer, zum Teil verzerrter Form.

Gemeinsam ist diesen Kunstwerken, dass die Künstler auf mehrere Sinne der Betrachter zielen; so werden Raumgefühl, Akustik und Optik angesprochen und zum Teil getäuscht.

Die Kinder lassen sich mit all ihren Sinnen auf die Reize der Installationen ein.

Zur Nachbereitung im Kindergarten eignen sich Licht- und Schattenspiele. Dabei sollte das „Spiel", das Experimentieren mit verschiedenen Lichtquellen, im Vordergrund stehen. Wie vermögen Licht und Schatten unsere Umgebung zu beeinflussen und zu verfremden? Wie wirken unterschiedliche Farblichter auf unser Gemüt?

Abb. 95: Gemeinsame Schattenspiele

Jean Tinguely
Tinguely wurde 1925 in Freiburg geboren, kommt aber mit seiner Mutter schon zwei Monate nach seiner Geburt nach Basel. Von 1941 bis 44 macht er eine Lehre als Dekorateur. In den folgenden Jahren besucht er mehrere Kurse an der Gewerbeschule Basel. 1952 geht Tinguely mit seiner Frau nach Frankreich und lernt verschiedene Künstler kennen. Er arbeitet fortan als Künstler und stellt in mehreren Ländern aus. Er stirbt 1991 in Bern. (http://tinguely.ch/museum/jean_tinguely_follow.html)

Material – das wird benötigt
– verschiedene Lichtquellen
– einen Raum, der sich abdunkeln lässt
– eventuell Taschenlampen
– farbige Folie für die Lichtquellen
– weiße Betttücher oder Ähnliches für Schattenspiele

Objektkunst
Teilweise finden sich auch in der Objektkunst Installationen. So lassen sich interessante „Maschinerien" von Tinguely besichtigen. Die Kinder haben nicht nur Freude an seinen fantasievollen Gebilden, sondern versuchen auch, den Mechanismus seiner Brunnen usw. zu erkennen.

Kapitel 2 | Die gestalterische Aufgabe

Anregungen – das kann Kinder aktivieren
- Tinguelys Kunst wirkt nicht nur als Motivation zu eigenem Bauen kleiner „Maschinerien". Für Kinder ist es auch eine Herausforderung, ihre eigenen oder Tinguelys Objekte abzubilden. Sie versuchen die labyrinthische Bewegung mit Stiften auf Papier nachzuvollziehen. Die Zeichnungen des Künstlers bieten dazu weitere Anregung.

Abb. 96: Klanginstallation im Hans-Otte-Raum

Die Kinder bewegen sich durch und um die Installation herum und erfassen sie von allen Seiten. Zu zweit erkunden sie den gesamten Raum.

Wird das Kunstwerk durch einen Bewegungsmelder ausgelöst, versuchen sie, den Mechanismus, der das Kunstwerk in Gang setzt, zu begreifen.

Die Bildschirme mit den bewegten Bildern ziehen zwar die Blicke der Kinder stark auf sich, aber das kreative Moment, selbst etwas umsetzen zu wollen, bleibt eher aus.

Hinweis
Videoinstallationen sind für Kindergartenkinder zwar faszinierend, aber größtenteils ungeeignet (oft auch inhaltlich zu unheimlich).

Klanginstallationen
Klanginstallationen werden oft durch Bewegungsmelder ausgelöst. Bei Bewegungsstillstand verstummen auch nach und nach die Klänge. Die Kinder untersuchen die Klanginstallation gleich auf mehreren Ebenen:
- Wann erklingen die Töne?
- Wie klingen sie, woran erinnern sie?
- Wann ebben sie ab?
- Wie funktioniert die Installation?
- Wo könnten sich die Bewegungsmelder befinden?
- Wie können die Bewegungsmelder „überlistet" werden?

Gesprächstipp
Was höre ich? Höre ich auf etwas, wenn ich regungslos verharre?

Die Assoziationen der Kinder zu den Klängen werden im Sitzkreis gesammelt. Die Erwachsenen geben einige Informationen zu Kunstwerk und Künstler, die in Zusammenhang mit den Beobachtungen der Kinder gesetzt werden können.

Angeregt durch die Töne der Installation stellen die Kinder selbst Klänge her. Sie benutzen ihren Körper als Instrument: Ihre Stimme, ihre Hände, ihre Füße (s. Abb. 97).

Kapitel 2 | Die gestalterische Aufgabe

Hans Otte
Der Komponist und Konzertpianist Hans (Günther Franz) Otte wurde 1926 im sächsischen Plauen geboren. Er studierte Komposition und das Fach Klavier. Er gilt als ein Wegbereiter neuer Musik. Nach langjähriger Krankheit starb Otte 2007 in Bremen.

Abb. 97: Der Körper als Instrument

Das kann man beobachten
- Nimmt ein Bewegungsmelder keine Bewegung wahr, wird kein Impuls in Gang gesetzt. Es ist nichts zu hören.
- Bei manchen Installationen fühlt man sich mittendrin im Geschehen.
- Als Betrachter wird man Teil des Kunstwerks und steuert den Ablauf eines performativen Geschehens.

2.8.4 Naturwissenschaften und Kunst verbinden

Idee – das ist der Grundgedanke

Weiterführung der Themen im Kindergarten

Nicht nur Kinder versuchen durch Ausprobieren und Experimentieren etwas über ihre Umwelt herauszufinden. Diese unersättliche Neugier bleibt auch im Erwachsenenalter bestehen. Im Bereich der bildenden Kunst finden wir auf unterschiedlichste Weise Themen aus den Naturwissenschaften in ganz neuen, zum Teil sehr ungewöhnlichen Zusammenhängen wieder. Dort ist viel von der Freude an naturwissenschaftlichen Phänomenen und Rätseln, die Kinder beschäftigen, wiederzufinden.

Wichtig
Sich ausprobieren dürfen

Durchführung – so wird es gemacht

Finden sich in einem Museum naturwissenschaftliche Themen, die im Kindergarten Relevanz haben, setzen sich Kinder und Erwachsene mit diesen vor dem Museumsbesuch fachlich auseinander.

Gesprächstipp
Kennt ihr die Situation, in der ihr in einem Bus, einer Bahn oder einem Zug sitzt und der Zug neben euch setzt sich in Bewegung; im ersten Moment aber habt ihr das Gefühl, dass ihr losfahrt …?

Es eignen sich hauptsächlich Ausstellungsstücke, die unmittelbar mit dem Thema zu tun haben oder durch Beobachten, Erforschen oder Experimentieren erfahrbar werden.

Dabei wird der Aufforderungscharakter eines Kunstwerks genutzt, um die Themen zu verbinden. Manche Kunstwerke funktionieren überhaupt nur durch die „Mitarbeit" der Museumsbesucher, was Kinder natürlich besonders erfreut, da es meist heißt: „Nicht anfassen!".

Beispiel – Bewegung erkennen

Kinder bewegen sich den ganzen Tag. Daher beschäftigen sie sich mit diesem Thema, ohne dass es ihnen bewusst wird.

Untersucht werden große und kleine, schnelle und langsame, offensichtliche und versteckte Bewegungen; ob das nun die Bewegung der Erde ist, die eines Karussells, eines Kreisels oder unsere eigene: All diese Bewegungen lassen sich von Kindern erforschen und teilweise vielleicht sogar messen.

Ein passendes Kunstwerk finden

In einer Ausstellung zu diesem Thema betraten wir mit den Kindern einen Tunnel, der von außen bewegt werden konnte, ohne dass die Kinder während des Durchlaufens davon Kenntnis hatten. So entstand der Eindruck, der Fußboden unter ihnen schwanke. Die Kinder fanden das Gefühl so faszinierend, dass sie den Tunnel immer wieder durchliefen, mal langsam, mal schnell, mal singend, mal schweigend. Von außen betrachteten einige den Tunnel sehr genau. Sie entdeckten, dass er knapp über dem Boden schwebte und an einer Aufhängung angebracht war. Sie kombinierten, dass immer eine von uns Erwachsenen im Tunnel fehlte und diesen von außen in Schwingung brachte, während sie ihn durchliefen.

Ausgehend vom Erlebnis mit diesem Kunstwerk setzte sich ein ganzes Projekt „Bewegung" in Gang, bei dem sich die Kinder die unterschiedlichsten Versuche ausdachten und eigenständig durchführten.

Die Kinder wollten beispielsweise wissen: In welche Richtung fließt der Fluss? Aus welcher Richtung kommt der Wind? Bläst er in die gleiche Richtung wie das Flusswasser fließt? Ist das immer so? Welche Zusammenhänge gibt es? Um die Richtung des Wassers zu ermitteln, sammelten sie Blätter, um sie in den Fluss zu werfen, denn Papier oder anderes wäre schädlich für die Umwelt gewesen (s. Abb. 98).

Eigenständig forschen

Abb. 98: „Die Blätter lassen wir von der Brücke fallen …"

Fledermäuse

Vom Thema Bewegung aus kamen die Kinder auf Fledermäuse und deren Orientierung im Dunkeln zu sprechen. Zufällig gab es in der gleichen Ausstellung „Say it isn't so" ein Kunstwerk, das sich mit dem Flug der Fledermäuse beschäftigte, mit dem Titel: *Beobachtung von vier Fledermäusen am Morgen des 26. Juni 2002 im Labor/Forschungsraum der Universität Tübingen* von Henrik Håkansson. Es handelte sich um den Teil eines nachgebauten Forschungslabors, in dem der Flug von einer bestimmten Fledermausart *(Myotis nattereri)* in Zeitlupe aufgezeichnet wurde. Sowohl die ausgestoßenen Töne als auch ihr Flug waren durch Infrarotkameras aufgenommen und in diesem nachgestellten Teillabor auf drei Bildschirmen wahrzunehmen.

Informationen durch Erwachsene

Kapitel 2 | Die gestalterische Aufgabe

Frage
Ab wann ist ein wissenschaftliches Ergebnis wirklich allgemeingültig? (Fließt der Fluss immer in die gleiche Richtung? Kommt der Wind immer aus der gleichen Richtung? Für die Versuche reicht nicht nur ein Tag aus. Die Wetterverhältnisse spielen eine Rolle usw.)

Über das Kunstwerk
Es handelt sich um Videoprotokolle fliegender Fledermäuse. Die Monitore des Kunstwerks stehen an den Standorten der Infrarotkameras des ursprünglichen Labors. Mit der Vervielfältigung der experimentellen Situation im Versuchslabor, der Standortmarkierung der Überwachungsmedien und den zeitlichen und örtlichen Hinweisen im Titel macht der Künstler nicht nur auf die technischen Elemente der Bilderzeugung aufmerksam. Er verweist auch auf die örtliche Begrenzung wissenschaftlicher Bilder und auf den historischen Zusammenhang ihrer Produktion.

Abb. 99: „Ich hab eine gesehen!" „Und das hier sind die Sterne am schwarzen Himmel?"

Leonardo da Vinci
Seine Lebensdaten beruhen zum Teil auf Vermutungen. Geboren wurde er wahrscheinlich im Jahre 1452 in der Nähe des Dorfes Vinci in der Toscana. Sein Vater erkennt schon früh seine Begabung und schickt ihn nach Florenz zum Maler und Bildhauer Verrocchio in die Lehre. Neben seiner künstlerischen Tätigkeit arbeitet er an verschiedenen Konstruktionen. Bis zu seinem Lebensende betreibt er mathematische Studien und wissenschaftliche Forschungen jeglicher Art. Er stirbt 1519 im Schloss Cloux bei Amboise in Frankreich.

Leonardo da Vinci
Der italienische Erfinder und Künstler Leonardo da Vinci ist wohl das bekannteste Beispiel für einen Menschen, der sich leidenschaftlich sein Leben lang mit Naturwissenschaften und bildender Kunst beschäftigt hat.

Zum Teil werden Leonardos Erfindungen heute in Museen nachgebaut und so ausgestellt, dass die Besucher die Objekte bewegen und ausprobieren können, um deren Funktionsweise zu begreifen. Solch eine Ausstellung wäre für einen Besuch mit Kindern natürlich ein Idealfall.

Aber auch durch Abbildungen und Leonardos eigene Zeichnungen, z. B. seine Skizzen zu Flugobjekten, können den Kindern seine Arbeiten nahegebracht werden.

Seine Gemälde haben auch auf Kindergartenkinder eine starke Anziehungskraft. Auf seinem Abendmahl sind viele Details zu entdecken und mit biblischer Geschichte zu verbinden. Weitere Beispiele, die sich zur Bildbetrachtung eignen, sind Leonardos Madonnendarstellungen, Die Heilige Johanna Selbdritt, Die Dame mit Hermelin oder der Engel Gabriel aus der Verkündigung.

Das kann man beobachten
- Es ist nicht immer so, wie wir denken …
- Es gibt optische, akustische und andere Täuschungen.
- Auch wissenschaftliche Forschung ist von zeitlicher und örtlicher Umgebung abhängig (z. B. verhält sich eine bestimmte Tierart nicht jeden Tag, nicht bei jedem Wetter und nicht in jedem Land gleich).

Anregungen – das kann Kinder aktivieren
Aus gesammelten Gegenständen wie Zahnrädern, Schnüren, Stöcken, Brettern, Schrauben und Nägeln denken sich die Kinder kleine Maschinerien aus. Benötigen sie beim Zusammenbauen Hilfe, stehen ihnen die Erwachsenen zur Verfügung.

Kapitel 2 | Die gestalterische Aufgabe

2.9 Modellieren

Beim Modellieren werden sowohl feinmotorische als auch grobmotorische Fähigkeiten unterstützt. Das Durchkneten von weichen Massen kräftigt die Finger- und Handmuskulatur, die für viele Aktivitäten wichtig ist: für das Schreiben in der Schule oder das Spielen eines Instrumentes und für zahlreiche alltägliche Verrichtungen. Der sinnliche Kontakt mit den verschiedenen Materialien sowie das Arbeiten mit diesen Materialien (wie verhält sich Knete, wie Ton und wie Lehm, wie entsteht Pappmaschee oder wie verändert sich Teig?) erhöhen die Intensität der Erfahrung. Die Beteiligung der Kinder ist optisch-geistiger sowie geistig-physischer Natur. Selbst der Geruchssinn und manchmal der Geschmackssinn werden gefordert.

Ein weiterer großer Entwicklungsschritt, der hier auf die Kinder zukommt, ist die Arbeit an einem plastischen Objekt im Gegensatz zur zweidimensionalen Fläche (Höhe und Breite), die üblicherweise in Form von Bildern und Zeichnungen gestaltet wird.

2.9.1 Knete

Idee – das ist der Grundgedanke

Sicherlich ist eines der ersten Materialien zum Modellieren, mit denen kleine Kinder im Kindergarten konfrontiert werden, die Knete, da sie ungiftig und leicht zu formen ist. Außerdem weist sie schöne Farben auf und ist leicht und preiswert selbst herzustellen. Einige Sorten von käuflicher Knete können mit Wasser wieder aufgeweicht werden, andere werden nach dem Trocknen sehr hart und bleiben es dauerhaft. Es gibt „Hüpfknete", die wie ein Flummi beim Aufschlagen in die Höhe springt, oder auch Knete, die schwimmt, sodass sie sich besonders für das Formen von Booten und deren physikalische Beobachtung eignet.

Tipp
Aus Knete lassen sich leicht kleine Glücksbringer formen, die die Kinder gerne sammeln oder verschenken (s. Abb. 100).

Durchführung – so wird es gemacht

Bei kleineren Kindern kommt es noch nicht auf das geknetete Ergebnis an, sondern auf die haptische, sinnliche Erfahrung. Für sie eignet sich die besonders weiche, selbst gemachte Knete (s. Rezept weiter unten). Außerdem können die Kinder bei ihrer Entstehung mitmachen. Das Produkt wird immer wieder zusammengeknetet, um etwas Neues herzustellen. Erst nach und nach entwickeln die Kinder ein Interesse daran, etwas für längere Zeit „Sichtbares" herzustellen, das sie trocknen lassen wollen oder auf andere Weise haltbar machen, das sie mit nach Hause nehmen oder ausstellen möchten.

Abb. 100: Verschiedene „Glücksbringer" von Kindern zwischen drei und sechs Jahren

Kapitel 2 | Die gestalterische Aufgabe

Grundrezept für Knete
400 g Mehl
200 g Salz
11 g Alaunpulver (z. B. aus der Apotheke)
0,5 l Wasser
3 EL Speiseöl
eventuell einige Tropfen Lebensmittelfarbe
Zubereitung:
Mehl, Salz und Alaun in einer Schüssel gut vermischen. Das Wasser aufkochen und dazugeben. Öl und Lebensmittelfarbe unterkneten.

Das Modellieren mit Knete ist auch eine geeignete Vorübung zur Arbeit mit Ton: Die Kinder können versuchen, „Würste" und Kugeln zu rollen, mit verschiedenen „Werkzeugen" zu experimentieren, die sie sich selbst zusammensuchen (z. B. Besteck, Hölzchen, Hämmerchen, Kartoffelstampfer usw.). Sie können die Knete stampfen, durchlöchern, ausrollen, plätten, flechten, Muster ziehen und stechen (z. B. mit Ausstechförmchen).

Material – das wird benötigt
– Knete
– glatte Unterlagen
– verschiedene Materialien, um zu formen

2.9.2 Ton

Idee – das ist der Grundgedanke
Vielen Kindern macht das Arbeiten mit Ton besonders Spaß. Die Plastizität stellt dabei den Reiz, aber gleichzeitig auch eine Schwierigkeit dar. Von der eindimensionalen Zeichnung müssen sie zu einer dreidimensionalen Figur umdenken: ein kreativer und zugleich kognitiver Schritt, der Wahrnehmung, der visuelle Fähigkeiten und Übertragung erfordert.

Material – das wird benötigt
– Ton
– Arbeitsplatten
– unempfindliche Kleidung oder Arbeitskittel
– kleine Schüsseln mit Wasser gefüllt
– Modellierhölzchen
– unterschiedliche Gegenstände bzw. Werkzeuge, um Muster zu gestalten

Durchführung – so wird es gemacht
Zunächst wird jedem Kind ein Stück Ton abgeschnitten. Das geschieht mit einem festen Band oder Draht. Die Kinder legen ihre Stücke auf Arbeitsplatten und wiegen sie dann in ihren Händen, dabei bemerken sie schnell den Unterschied zur Knete. Die Unterschiede werden gemeinsam besprochen: Gewicht, Temperatur, Dichte, Härte, Geruch.

Einführung in das Material

Um den Ton verarbeiten zu können, ist es notwendig, ihn kräftig durchzuwalken, so wird er formbarer und weicher. Außerdem muss er abgeschlagen werden, damit die Luft entweichen kann, denn eingeschlossene Luft wird später beim Brennen heißer als Ton, sodass die Figur oder das Gefäß springt oder platzt.

Abb. 101: Kräftig schlagen: So entweicht die Luft sicherlich.

Die Kinder können sich hierbei verschiedene Methoden zum Abschlagen überlegen. Sie benutzen ihre Hände und auch Werkzeuge wie z. B. Modellierhölzchen, um den Ton kräftig durchzuarbeiten. Sie werfen und klatschen ihn mit Freude auf die Arbeitsfläche. Als Nebenprodukt entsteht dabei ein rhythmisches Klopfkonzert.

Den Ton in Griff bekommen

Beim nächsten Schritt gilt es, eine Hemmschwelle vieler Kinder zu überwinden. Das Material Ton ist anders zu verarbeiten als die bekannte Knete. Der Ton muss befeuchtet werden, um geschmeidiger und weicher zu werden, er darf jedoch auch nicht zu nass sein, weil er sonst matschig wird. Auf jedem Arbeitstisch steht eine Schüssel mit Wasser, um den Ton und die Hände ständig befeuchten zu können.

Die Erwachsenen überprüfen die richtige Konsistenz des Tons. Ist er zu nass, so kann er beim Trocknen durch den Wasserverlust schrumpfen oder reißen; ist er zu trocken, so lässt er sich nicht formen und bröckelt.

Hilfe durch Erwachsene

Um sich an das neue Material zu gewöhnen und keine Enttäuschung bei den Kindern auszulösen, ist es hilfreich, ihnen vorerst einfache Formen anzubieten: z. B. Würste rollen, Kugeln formen, „Berge" auftürmen. So lernen die Kinder, Objekte in die Höhe zu bauen, ohne dass diese zusammenfallen. Durch Aufstauchen können aus Kugeln Würfel werden, durch Eindrücken kleine Schalen.

Fantasiefiguren, Tiere oder Gebrauchsgegenstände?

Schon bei der Fertigung einer Skizze können sich die Kinder damit auseinandersetzen, was sie in Ton umsetzen möchten. Je nach Alter und Fertigkeit der Kinder sollten hier die Erzieher/-innen eine beratende Rolle einnehmen und auf mögliche Schwierigkeiten bei der Umsetzung aufmerksam machen. Die Ideen der Kinder können in der tatsächlichen Ausfertigung auf eine Art vereinfacht werden, die ihren Vorstellungen so nahe wie möglich kommt. Zur kreativen Gestaltung gehört auch zu lernen, dass nicht alles möglich ist: aus technischen, statischen oder entwicklungsbedingten Gründen.

Tipp
Es sollten nicht zu viele Einzelteile angearbeitet werden, denn viele fallen beim Brand ab. Es ist besser, Extremitäten aus einem Stück herauszuarbeiten.

Die Arbeit in dreidimensionaler Form steht erst einmal im Gegensatz zur Zeichnung auf dem Papier. Durch das Experimentieren in der Vorbereitungsphase greifen die Kinder auf die erlernten Techniken und geometrischen Formen zurück und stellen schnell fest, dass sie sich gut zu einem Objekt zusammenstellen lassen. Es entstehen kleine, freie Gebilde, die aus einem Stück geformt sind. Ein Stück kann man in die Länge ziehen, drehen, Kuhlen hineindrücken, abflachen usw. Die Objekte sollten nicht zu kompliziert sein. So kann beispielsweise aus einer Kugel, die an sechs Seiten flach gedrückt wird, ein Würfel gestaltet werden. Mit dem Finger oder mit der Spitze (oder Rückseite) eines Bleistifts können die Kinder auch die Augen des Würfels eindrücken, sodass ein Gebrauchsgegenstand entsteht.

Abb. 102: Dem Marsmenschen wird eine „Hand" angefügt. Bei dieser kniffligen Feinarbeit bedarf es der Unterstützung eines Erwachsenen.

Kapitel 2 | Die gestalterische Aufgabe

Erforschen des
Materials durch
Experimentieren
Erforschen
Beratung
Information
von außen
Erfahrung

Dann kann beispielsweise eine Schildkröte aus einer flach gedrückten Kugel geformt werden, die den Panzer darstellt. Die Füße werden einzeln als Kugeln gerollt, dann ein wenig in die Länge gezogen und schließlich unterm Panzer angebracht oder direkt aus dem Panzer herausgearbeitet. Ähnlich werden Kopf und Schwanz gefertigt. Schließlich überlegt sich das Kind, was zu einem Schildkrötengesicht dazugehört. Es entscheidet, welchen Gesichtsausdruck seine Schildkröte bekommen soll. Und wie sieht das Muster auf dem Panzer aus?

Nachträglich an die Objekte angefügte Teile sollten an beiden zusammenzufügenden Stellen gut aufgeraut und angekratzt werden, sodass sie die Kinder wie einen Klettverschluss aneinanderbringen können. Schließlich müssen sie die „Nahtstellen" mit einem feuchten, aber nicht zu nassen Hölzchen verstreichen. Mit unterschiedlichen Beispielen, die sich durch die freie Wahl der Objekte von selbst ergeben, erlernen die Kinder verschiedene Methoden, mit Ton zu arbeiten. Ihr Wissenshorizont bezüglich des Materials wird ständig erweitert.

Abb. 103: Eine kleine menschliche Figur, die aus einem Klumpen entstanden ist. „Hat Gott uns nicht auch aus Erde geformt?", will Lukas wissen.

Zur Verzierung der einzelnen Objekte können die Kinder Spachtel, Stöckchen, Besteck und Ähnliches benutzen. Diese Hilfsmittel können sie auch im Garten, in einer Küchenschublade oder in Werkzeugkisten suchen. Damit ist ihnen eine Bewegungspause gewährt. Mit den Fingern können bestimmte Partien herausgearbeitet werden, was eine weitere Dimension von Plastizität bewirkt. So können die Kinder zum Beispiel Augenbrauen, Lippen, Ohren und Nasen aus dem Gesicht einer Figur herausformen. Auch Beine und Arme müssen nicht erst hinterher angefügt werden, sondern können aus dem Körper herausgeknetet werden. Aus einem Stück kann nur mit Ziehen und Fingerdrücken, ohne anzusetzen, eine kleine Figur geformt ewerden. Indem die Kinder viele Nahtstellen vermeiden, lernen sie zu abstrahieren.

Abschluss – Brennen und Glasieren

Hinweis
Nur sehr gut durchgetrocknete Stücke
(je nach Witterung zwei Wochen) können in den Brand.

Das Brennen der fertigen Objekte übernehmen die Erzieher/-innen. Zuvor muss jedes Objekt dahingehend überprüft werden, ob es dem Brennen standhält. Ansonsten muss es von innen ausgehöhlt werden, um nicht zu platzen. Nahtstellen durch angefügte Teile werden von den Erzieherinnen und Erziehern eventuell glatt gestrichen bzw. nachgearbeitet.

Nach dem Brennen überlegen sich die Kinder, ob sie ihre Werke glasieren möchten. Dabei entscheiden sie über die Farbgebung und können von einem Erwachsenen beraten werden, da sich die Farbe durch das zweite Brennen verändert. Denn die richtige Farbe der Glasur wird oft erst nach dem Brand durch die Sauerstoffreduktion sichtbar.

Manche Kinder überlegen sich eigene Funktionen ihrer Objekte: So stellen einige Glücksfiguren oder Schutzengel dar, andere Traumfängerchen oder Monster gegen Nachtungeheuer, die sie vor der Angst im Dunkeln schützen und stärken.

Zum Abschluss können alle Kinder mit ihren getonten Objekten nochmals zusammenkommen. Die fertigen Tonobjekte werden in die Mitte eines Sitzkreises gestellt. Alle Kinder können sich zu ihnen äußern: Was der Gegenstand darstellen könnte, woran er erinnert, was er eventuell für eine Geschichte erzählt usw. Das Kind, das die Figur gefertigt hat, kann zuletzt dazu Stellung nehmen und einige Erklärungen abgeben. In solch einer Gesprächsrunde entstehen die unglaublichsten Assoziationen und Geschichten.

Hinweis zur Glasur
Die Farbe für die Glasur ist in Pulverform und wird mit Wasser angerührt. Die Farbe wird nun mit einem weichen Pinsel auf die Tonplastik aufgetragen.

Fantasievolle Objekte

2.9.3 Lehm

Idee – das ist der Grundgedanke

Das Arbeiten mit Lehm hat vor allem eine ganzheitliche Komponente. Das Material ist gröber als Ton und beinhaltet für die Kinder die Möglichkeit, aus dem Element Erde selbstständig ein Baumaterial zu entwickeln. Die Körpererfahrung erschließt sich als sinnliche Ebene: Die Veränderung des Materials (von trocken und bröcklig zu nass, feucht und matschig, dann zu fest und trocken und irgendwann porös) wird nicht nur intellektuell erfahren, sondern regelrecht nachgefühlt. Zur sinnlichen Wahrnehmung gehören hier verschiedene Bereiche des Körpers, die im direkten Kontakt das Material Erde bearbeiten. Die Kinder haben Spaß daran, die Lehmerde zu schaufeln, die schwere Schubkarre zu schieben, Wasser zu transportieren, den Lehm zu einer formbaren Masse zu stampfen, Kraft in die Füße zu legen, mit den Zehen zu arbeiten und das Gleichgewicht zu halten.

Sommerplanung! Arbeit im Freien

Lehm kann sowohl in Gegenden mit besonders lehmhaltigem Boden besorgt werden oder aber aus verschiedenen Bezugsstellen wie z. B. Forstämtern stammen. Die Bausubstanz der Figuren besteht aus einem Lehm-Stroh-Gemisch, das die Kinder mit Wasser zu einer formbaren Masse vermengen (mit den Händen oder mit nackten Füßen stampfend; s. Abb. 104) und auf den Unterbau aufbringen.

Beschaffung des Lehms

Auswahl des Geländes

Abb. 104: Marie findet, das fühlt sich an wie Erdnussbutter, so weich und schmierig …

Hinweis
Die Kinder lernen, viele kleine Arbeitsschritte miteinander zu verbinden und im Voraus im Kopf ein Endergebnis zu entwickeln.

Beim Arbeiten mit Lehm handelt es sich um ein ganzheitliches Projekt, das einen tagesfüllenden Zeitplan erfordert, je nach dem Umfang der Figuren, die gebaut werden sollen. Da dies auf einem Außengelände durchgeführt wird, kann sich daran eine große Kindergartengruppe beteiligen. Bei der Auswahl des Geländes ist es sinnvoll, darauf zu achten, dass das Gelände sich ins Spiel der Kinder integrieren lässt und Abwechslung und Erholung in den Ermüdungsphasen bietet. Die Kinder brauchen Zeit und Raum für freies Spiel und für ihre Abschweifungen, die in diesem Fall als kreative Pausen angesehen werden sollten.

Kapitel 2 | Die gestalterische Aufgabe

Anregungen zu Lehmarbeiten

In einem Lehmprojekt geht es nicht nur um das Endprodukt, sondern in erster Linie um den Entstehungsprozess. Die Kinder werden – neben dem künstlerischen Aspekt – zu Bauzeichnern, Architekten, Statikern, Handwerkern, Bildhauern und Naturwissenschaftlern. Alle Arbeitsschritte werden von Anfang an offengelegt und die Kinder daran beteiligt: von der Skizze auf dem Papier über das plastische Modell bis hin zur Umsetzung in eine Skulptur. Die einzelnen Schritte zeichnen sich durch Einfachheit und Klarheit aus, sodass die Arbeit am Projekt auch für kleinere Kinder nachvollziehbar und umsetzbar ist.

Vorarbeit
Projektbesprechung
Skizzen anfertigen
kleine Modelle
ausarbeiten
sich das Gelände
ansehen

Nachdem den Kindern das Projekt vorgestellt worden ist, fertigen sie Skizzen auf großen Papieren an. Dann können sie ihre Zeichnung in ein Modell mit Ton oder Knetmasse umarbeiten. Mit ein wenig Hilfestellung stellt jedes Kind sein eigenes Modell angeregt durch seine Skizze her (zu Hilfestellungen s. unter Kap. 2.9.2). Zur Ausarbeitung der großen Figuren aus Lehm wird im Sitzkreis entschieden, welche Modelle umgesetzt werden sollen.

Material – das wird benötigt

– Lehmerde vermengt mit ein wenig Stroh und mit Wasser
– Latten, Stöcke, Holzpfähle für den Unterbau
– Stroh als Füllung des Unterbaus
– Steine, Töpfe, Äste, Zweige für Teile der Figuren
– Maschendraht, verschiedene Gewebe, um den Unterbau einzuwickeln
– Draht und Kordeln zum Zusammenbinden
– Pigmente (falls Farben erwünscht sind)

Abb. 105: Hilfestellung beim Unterbau

Abb. 106: Der „Arm" des „Menschen" wird umwickelt.

Kapitel 2 | Die gestalterische Aufgabe

Die Kinder stellen mit Unterstützung eines Erwachsenen Materialien und Werkzeuge zusammen, erstellen den Unterbau und verankern diesen in der Erde. Technische Anleitungen und ergänzende Anregungen zur Umsetzung fügen die Erzieher/-innen hinzu sowie eine Anleitung zum Umgang mit Werkzeugen. Dabei ist eine ernsthafte Auseinandersetzung mit den Gefahren bei der Arbeit mit Werkzeugen wichtig. So entsteht eine Basis für Vertrauen, das durch die Besprechungen gerechtfertigt wird. Die kreative Arbeit unterstützt die Kinder in ihren schon vorhandenen Fähigkeiten und Interessen, baut somit ihre Persönlichkeit weiter aus und stützt ihr Selbstvertrauen. Die Vorgaben, die ihnen gemacht werden, sind lediglich technischer Art. Im Umgang mit den technischen Hilfsmitteln und in ihrer Selbstständigkeit im Umgang mit Werkzeugen bilden sich ein starkes Selbstbewusstsein und Verantwortungsgefühl aus.

Tipp
Während des gesamten Projekts sollte die Bezugsperson der Kinder nicht wechseln, da dies verunsichert und leicht zum Verlust von Motivation und Durchhaltevermögen führt.

Durchführung – so wird es gemacht

Für den Unterbau einer stehenden Figur werden Pfähle in den Boden verankert, sodass sie stabil stehen (dies ist eine Arbeit für Erwachsene). Um diese herum wird Maschendraht befestigt. Der Unterbau wird nun mit Stroh gefüllt. Der feuchte Lehm (wie weiter oben beschrieben von den Kindern formbar gemacht) wird auf den Unterbau gedrückt, geklatscht, geschmiert usw. Die günstigste Technik der Aufbringung, damit der Lehm hält, finden die Kinder bald individuell selbst heraus. Wird der Maschendraht mit Geweben umwickelt, hält der Lehm unter Umständen noch besser. Weitere Teile der Figur werden je nach Entwurf der Kinder an den Unterbau angebracht und ihrerseits mit Lehm beschmiert. Einzelne Teile können schließlich farbig gestaltet oder mit kleinen Gegenständen verziert werden. Nach dem Trocknen der Skulpturen (je nach Wetterlage und Figurengröße nach bis zu zehn Tagen) können die Kinder die Figuren mit Firnis und Leinöl bepinseln. Droht während des Projekts Regen, werden sie mit Planen abgedeckt.

Hinweis
Eltern sollten immer wieder daran erinnert werden, den Kindern während dieser Projektphase alte oder unempfindliche Kleidung anzuziehen, damit sie nicht in ihrer freien Arbeit und ihrer Kreativität behindert werden.

Abb. 107: Durch Planen geschützt

Wichtig: der ständige Austausch untereinander

Regelmäßige Arbeitsbesprechungen im großen Kreis sind immer wieder notwendig. Ideen aller fließen ein, die Kinder beschließen die Dinge gemeinsam, z. B., aus welchen Materialien die Gliedmaßen der Figuren entstehen könnten, ob Teile der Skulpturen farbig gestaltet oder Zusatzmaterialien wie Muscheln, farbige Scherben, kleine Steinchen o. Ä. hinzugefügt werden sollen.

Auch Ideen der Kinder, die auf den ersten Blick nichts mit der Arbeit am Projekt zu tun haben, können hier mit einfließen. Durch den zeitlich großen Rahmen (im Gegensatz zu einem beispielsweise einstündigen Kurs einmal pro Woche) ist die Möglichkeit gegeben, diese Ideen auch umzusetzen. Es wird zu beobachten sein, dass die Abschweifungen nützliche und bereichernde Umwege sind, die schließlich unmittelbar zum Projekt beigetragen: so wenn z. B. die Idee aufkommt, eine Bewässerungsanlage zu bauen, die zum Lehm führt, der dann bequem mit den Füßen zu einer weichen Masse vermengt werden kann.

Die Erwachsenen leisten eine kontinuierliche Vermittlung zur Statik, zum Verhalten der Materialien und zu den einzelnen Schritten für den Aufbau der großen Figuren.

Als Kopf nehmen wir den Blumentopf

Um sowohl die Arbeit der Kinder (denn hier handelt es sich tatsächlich um harte Arbeit, die Ausdauer und Durchhaltevermögen beansprucht) als auch die Figuren abwechslungsreich zu gestalten, können die Kinder unterschiedlichste Materialien sammeln und einarbeiten. Hier kann es sich um Restmaterialien wie alte Dosen, Büchsen, Becher, Töpfe, Kisten, Schachteln usw. handeln.

Verschiedene Materialien zum Ausbau der Skulpturen

Oder aber es werden Naturmaterialien wie Steine, Äste, Zweige und Wurzeln verwendet. Für große, stehende Skulpturen eignen sich Latten, Stöcke, Holzpfähle, Maschendraht, Draht, Kordeln, verschiedene Gewebe (Netze, grobes Leinen usw., an denen der Lehm gut hält), z. B. Tontöpfe für die Köpfe und Stroh für das Innere der Figuren.

Kleine und große Kinder arbeiten zusammen.

Für kleinere Kinder eignen sich besonders Entwürfe von Objekten am Boden, z. B. kriechende Tiere wie Schlangen, Krokodile oder Schnecken (ein übergeordnetes Thema kann vorgegeben werden), kleine Höhlen an Baumwurzeln, Hügellandschaften oder Ähnliches. Für altersübergreifendes Arbeiten auch zusammen mit Hortkindern (z. B. als Projekt während der Sommerferien) eignet sich ein Lehmbauprojekt hervorragend, da die gegenseitigen Hilfestellungen sowie das Lernen von älteren, geschickten, erfahrenen oder stärkeren Kindern eine Voraussetzung für die Gemeinschaftsarbeit sind.

Werden Farben gebraucht, so wird der Lehm mit Pigmenten der gewünschten Farben gemischt und außen an den Figuren angebracht und verstrichen.

Abb. 108: Die „Prinzessin" bekommt auch Zähne in den lächelnden Mund.

Werkzeuge
– Schaufeln
– Eimer, alte Schüsseln
– Hammer
– Scheren
– Zangen
– Pinsel (für Firnis oder auch Farben)

Beobachtung – das kann man erkennen
Beim Lehm handelt es sich um einen natürlichen Werkstoff. Es handelt sich um einen Grundstoff der Natur, um Erde. Die Kinder haben verschiedene Assoziationen zu seinem Geruch und dazu, wie unterschiedlich er sich anfühlt: im trockenen Zustand oder feucht, mit den Händen knetend oder mit den nackten Zehen. Einerseits vermittelt das Material selbst Verbundenheit mit der Natur, andererseits arbeiten die Kinder stundenlang draußen in der Natur.

Wie unterscheiden sich natürliche Materialien von „unnatürlichen" wie Plastik oder Metall? Was bedeutet dieser Unterschied für den Verfall und welche Konsequenzen hat das für die Umwelt?

Die Kinder werden hierbei mit dem Thema der Vergänglichkeit konfrontiert. Nach ihrer Fertigstellung können tägliche Fotodokumentationen und regelmäßige Beobachtung mit anschließender Gesprächsrunde das Thema Vergänglichkeit vertiefen. Welche Möglichkeiten der Konservierung, welche der Instandsetzung gibt es? Wollen wir überhaupt konservieren?

Kinder haben hier viel weniger Berührungsängste mit dem Gesprächsthema und weniger Probleme mit dem allmählichen Verfall der Figuren durch Wind und Wetter, als meist Erwachsene dies haben. Die Kinder stellen Beobachtungen an, erforschen das Stadium des Verfalls, stellen sich auf die Veränderungen ein: In einem Lehmbauprojekt im Wald zogen Bienen in die verfallenen Figuren ein und bauten sich dort ihr Nest, das nun von den Kindern beobachtet werden konnte.

Thema „Vergänglichkeit"

Vanitas-Stillleben
Als eine besondere Stilform der Stilllebenmalerei des Barock stellten die Künstler den scheinbar unvergänglichen Dingen die Vergänglichkeit zur Seite. So stellten sie z.B. den Totenkopf als Symbol dar, um die „Eitelkeit (lat. „Vanitas") aller Dinge", also ihre Vergänglichkeit, aufzuzeigen.

Abschluss

Eltern, Großeltern, Praktikanten und Freunde können bei solch einem umfangreichen Projekt gut mit einbezogen werden, da dies zu einer verstärkten Motivation der Kinder führt. Das gesamte Projekt kann in einer Präsentation der Objekte in einer Art „Figurenpark" münden sowie in deren Dokumentation in Form einer Innenausstellung (Zeichnungen der Kinder, Modelle der Skulpturen, Fotoserien und Videos). Das ermöglicht den Kindern, ihre Arbeiten selbst vorzustellen und die dazugehörigen Arbeitsschritte ihren Eltern und Bekannten zu erklären. Außerdem bewahrt die Dokumentation eine schöne Erinnerung im Winter an die Erlebnisse im Sommer, führt aus anderer Perspektive zu einer Reflexion aus der Distanz.

Im Anschluss an dieses Projekt bietet es sich besonders an, einen Bogen zur bildenden Kunst zu schlagen. Gehen die Erzieher/-innen z. B. vom Thema des Verfalls und der Vergänglichkeit aus, könnten sie die Vanitas-Stillleben aus verschiedenen Epochen bis hin zur zeitgenössischen Kunst vorstellen.

Weiterführung angesprochener Themen

Dabei könnten die Kinder erst einmal ohne inhaltliche Vorbereitung an Werke zeitgenössischer Künstler wie Dieter Roth, Daniel Spoerri und Richard Long und schließlich bis an die Vanitas-Stillleben des Barock herangeführt werden. Gerade in der zeitgenössischen Kunst sind viele Kunstwerke zu finden, die den Kindern auf der Grundlage ihrer eigenen Erfahrung mit der Skizzierung ihrer Ideen, der Verarbeitung verschiedener Materialien und dem Aufbau einer Figur vermittelt werden können. In solch einem unmittelbaren Zusammenhang mit eigenen gestalterischen Entwicklungsprozessen steht der Besuch eines Kunstmuseums in direkter Beziehung zum Alltag der Kinder.

2.9.4 Lebensmittel: Brotteig

Eignet sich auch besonders gut für kleinere Kinder

Idee – das ist der Grundgedanke

Kneten und formen lässt sich nicht nur mit Knete, Ton oder Lehm. Jedes Kind kennt Pizza und hilft gern in der Küche, den Pizzateig zu kneten und auszurollen. Mit einem süßen Hefeteig, ursprünglich für Weckmännchen gedacht, lassen sich jedoch die fantasievollsten Tiere, Figuren und Objekte formen und verzieren. Sie sind im Gegensatz zu Skulpturen zwar flach, aber gerade deswegen auch für jüngere Kinder gut zu gestalten. Das Besondere an dieser Art des Modellierens ist das Hinzunehmen des Geruchs- und Geschmackssinns, wobei die Kinder voll auf ihre Kosten kommen.

Tipp
Bei einer Kindergartengruppe von etwa 24 Kindern ist es günstiger, zwei Teigklumpen getrennt in zwei Schüsseln anzufertigen als nur die Mengenangaben zu verdoppeln. Außerdem können sich dann mehr Kinder an der Teigherstellung beteiligen.

Rezept für etwa 12 Teile
– 500 g Mehl
– 1 Päckchen Trockenhefe
– 50 g Zucker
– die abgeriebene Schale einer unbehandelten Zitrone
– etwas Safranpulver oder Zimt
– 100 g zerlassene Butter oder Margarine
– 1 Ei
– 250 ml lauwarmes Wasser

Mehl und Hefe vermischen. Dann den Zucker, geriebene Zitronenschale, lauwarme Butter und Wasser, das Ei und Gewürz hinzugeben und sorgfältig durchkneten. Die große Teigkugel in einer zugedeckten Schüssel an einem warmen Ort etwa 30 Minuten gehen lassen. Anschließend kann der Teig verarbeitet werden. Die geformten Teile auf mit Backpapier ausgelegte Backbleche legen und mit einem Tuch abdecken, nochmals etwa 20 Minuten lang gehen lassen. Bei 180–200 °C oder Gas Stufe 3–4 etwa 20 Minuten backen, bis die Teilchen goldbraun sind.

Durchführung – so wird es gemacht

Hinweis
Es war der Künstler Daniel Spoerri, der 1967 den Begriff „Eat-Art" begründete. Damit hinterfragte er alles Essbare: „Was ist überhaupt essbar? Welche Zubereitungsarten sind weltweit bekannt?"

Nachdem der Teig zum ersten Mal gegangen ist, bekommt jedes Kind einen Teigklumpen, den es beschnuppern und befühlen kann. Der Teig ist sehr weich und glatt und schmeichelt den Kinderhänden, auch duftet er zart. Die Kinder können ihn ausrollen und mit (auch Spielzeug-)Messern in Form schneiden. Oder sie teilen ihn in kleine Klümpchen (Brötchengröße) auf und formen ihn. Auch ein geflochtener Zopf ist möglich. Gefällt eine Form nicht, kann der Teig leicht wieder zusammengeknetet werden. Ob nun die bekannten Weckmännchen, Häuser, Planeten oder Tiere gestaltet werden: Der Fantasie ist freien Lauf zu lassen, denn dieser Teig lässt sich sehr gut abbacken. Mit Rosinen, Nüssen, Mandeln und Ähnlichem können die Kinder ihre Gebäcke verzieren. Sind die Teilchen fertig gebacken, darf gegessen werden. Zur Beachtung: Manch Teilchen wird von den Kindern aufgehoben, weil es ihnen so ans Herz gewachsen ist. Da wären sie nicht die ersten Künstler, die aus Essbarem Kunstwerke erstellen. Man denke an die Eat-Art Ende der 60er-Jahre des vorigen Jahrhunderts.

Abb. 109: Bald erfüllt der Duft von diesem Männchen den ganzen Kindergarten.

Das kann man beobachten

Anregung
Es lassen sich schöne Geschenke zu besonderen Anlässen wie Weihnachten oder Ostern fertigen.

- Wie sieht der aufgehende Teig durch die Lupe vergrößert aus?
- Wie verändern sich die Teilchen während des zweiten Gehens, wie durch das Backen?
- Schmecken die verschiedenen Formen des gleichen Teiges unterschiedlich, z. B. runde Brötchen im Gegensatz zum Zopf oder zu einem flachen Kraken mit langen Tentakeln? (Die Frage lässt sich gut auf die verschiedenen Nudelformen übertragen, die Kinder kennen.)
- Nach wochenlanger Aufbewahrung an einem trockenen Ort wirkt das gebackene Teilchen wie ein Trompe l'œil, eine Augentäuschung, bei der man meint, das Gebäck sei einem anderen Material nachgeahmt.

2.9.5 Pappmaschee

Hinweis
Pappmaschee ist in Europa bereits seit dem 15. Jahrhundert bekannt und stammt aus dem orientalischen oder asiatischen Raum. Anfangs wurden oft Reliefs und Krippenfiguren aus ihm hergestellt.

Idee – das ist der Grundgedanke

Das Arbeiten mit Pappmaschee, auch Papiermaschee oder Pulpe genannt, fördert sowohl die Lust am hemmungslosen Zerreißen von Papier, am unkontrollierten Manschen und Matschen als auch das planvolle Gestal-

Abb. 110: Ein Windlicht erhellt das Dunkel.

ten in dreidimensionaler Form. Die Kinder sind vom Beginn des Aufbaus ihrer Figuren und Objekte an beteiligt, da sie das Grundmaterial für das Pappmaschee selbst herstellen können.

Durchführung – so wird es gemacht

Soll mit einer weichen Pappmascheemasse gearbeitet werden, so wird diese aus Papieren (Zeitungspapieren, farbigen oder weißen Papieren), die in viele kleine Stücke zerissen wurden, etwas Wasser und Kleister als Bindemittel zusammengemischt. Je kleiner die Papierstücke, desto feiner das Papiergemisch und desto mehr Feinarbeit ist möglich. Die Oberflächen werden glatt und können gut verarbeitet, bemalt und lackiert werden.

Es ist jedoch auch ein schichtweiser Aufbau aus Papierstreifen möglich. Dabei werden große Papierstreifen oder -schnipsel kreuz und quer übereinander direkt auf einen Untergrund (z. B. aus Maschendraht, Pappschachteln, zusammengeknülltem Papier oder Ähnlichem) aufgetragen und mit Kleister festgeklebt.

Hilfe durch ältere Kinder
Beim Zerreißen des Papiers in besonders kleine Stücke geht den jüngeren Kindern früh die Luft aus.

Masken und Figuren

Ein Kern, z. B. aus Draht, auch Maschendraht, geformt und mit Mullbinde bzw. Netzstoff umwickelt, ist wichtig. Darauf lässt sich die Pappmascheemasse leicht auftragen und später weiterverarbeiten. Eventuell können die getrockneten Figuren auch mit Feilen oder Sandpapier geschliffen werden, sodass teilweise glatte Oberflächen entstehen. Um großen Skulpturen, die gemeinsam von vielen Kindern gestaltet werden, mehr Festigkeit zu verleihen, lässt sich unter die Papiermascheemasse auch Kreide oder etwas Ton vermischen.

Tipp
Das Gestalten von Figuren lässt sich mit einem Museumsbesuch verbinden.

Da Pappmaschee nicht nur preiswert und in schönen Farben zu gestalten ist, sondern außerdem geringes Gewicht aufweist, eignet es sich besonders für die Herstellung von Masken.

Bei Masken ist zu beachten, dass sie von innen nicht zu rau für Gesicht und Kopf sind (z. B. mit Stoff, Filz oder Ähnlichem auskleiden).

Hilfe durch Erwachsene

Reliefs anfertigen

Es lassen sich auch Reliefs gestalten, indem Maschendraht über eine Holzplatte gewickelt wird und auf dem Draht Objekte mit Pappmascheebrei gefertigt werden. An die noch feuchten Objekte können unterschiedlichste, gesammelte Gegenstände (s. unter Kap. 2.1.1 und 2.9.6) angebracht werden. Wird nicht die gesamte Holzplatte als Pappmascheerelief gestaltet, so kann die Platte im Vorfeld bemalt werden. Gerade jüngere Kinder strengt die plastische Gestaltung einer gesamten Platte sehr an.

Abb. 111: „Schwimmender Igel"

Anregungen – das kann Kinder aktivieren

Ein übergeordnetes Thema wie z. B. „Tiere im Wald" motiviert die Kinder zum nötigen Durchhaltevermögen. Denn die Gestaltung von Werken, die durch mehrere Arbeitsschritte gekennzeichnet sind, ermüden gerade jüngere Kinder schnell. Sind Pausen z. B. wegen Trockenzeiten erforderlich, lassen sich diese dazu nutzen, den Kindern klarzumachen, dass an einem anderen Tag an ihrem Objekt weitergearbeitet wird. Diese kreativen Pausen können dazu genutzt werden, Materialien für die Weitergestaltung zu suchen oder auch weitere Informationen zum übergeordneten Thema zu sammeln.

Kapitel 2 | Die gestalterische Aufgabe

Tipp für eine Laterne

Papierstreifen aus farbigem Seidenpapier werden auf einen aufgeblasenen Luftballon gekleistert, wobei das zugeknotete Ende des Ballons unten frei bleibt. Sind die Schichten vollständig getrocknet, wird die Luft aus dem Ballon herausgelassen und er lässt sich leicht aus dem Inneren unten herausziehen. An gegenüberliegenden Seiten neben die Öffnung werden vorsichtig zwei Löcher für die Aufhängung gebohrt. In das Innere kann ein Kerzenhalter für Laternen befestigt oder ein Teelicht gestellt werden.

Das kann man beobachten

- Das Material, wenn mit Pergament- oder Seidenpapier verarbeitet, bleibt durchsichtig, es eignet sich gut für Windlichter oder Laternen.

Material – das wird benötigt

– Papierfasern (Zeitungen, Seidenpapier, Pergamentpapier)
– Kleister
– Wasser
– Materialien für den Kern (Draht, Pappe, Papier, Holz, Luftballon)
– Farben zum Bemalen
– (Klar-)Lack zum Lackieren

2.9.6 Gipsbilder

Idee – das ist der Grundgedanke

Mit Gips lassen sich wunderbar experimentelle Reliefs erstellen, die Kinder dazu anregen, ihre Fundsachen in ein Kunstwerk einzubauen und ihrer Fantasie freien Lauf zu lassen. Im Vordergrund stehen bei dieser Aktivität die Aufteilung einer Fläche und natürlich Ideenreichtum. Da der Gips sehr schnell trocknet, brauchen die Kinder viel Unterstützung von Erwachsenen während der Eingipsungsphase. Mit intensiver Hilfestellung können jedoch auch kleinere Kinder wirkungsvolle Ergebnisse erzielen.

Abb. 112: Schicht für Schicht entsteht eine Laterne.

Hilfe durch Erwachsene

Durchführung – so wird es gemacht

Der notwendige Gips kann in einem Baumarkt beschafft werden. In einer (Plastik-)Schüssel wird eine kleine Menge mit Wasser verrührt, sodass eine geschmeidige Masse entsteht. Diese muss schnell in einer dicken Schicht auf das Brettchen aufgetragen werden (hier ist die Hilfe der Erzieher/-innen nötig), denn die Masse trocknet sehr schnell ein. Nun können die Kinder ihre kleinen Objekte auf die Gipsschicht legen und mit dem Finger ein wenig eindrücken, sodass sie vom Gips ringsum umschlossen sind.

Tipp

Es bietet sich an, die Brettchen während des Gipsauftragens in kleine Flächen aufzuteilen, damit die Kinder nach und nach ihre gesammelten Gegenstände einarbeiten können.

Zu Anfang wird jedem Kind ein Holzbrettchen (zersägte Latten, Platten, Bretter oder ähnliches flaches Restmaterial aus Holz) als Basis für das Gipsbild gegeben. Beim ersten Umgang mit dieser Technik empfiehlt es sich, kleinformatige Brettchen zu benutzen, denn die Kinder müssen ziemlich schnell arbeiten und gleichzeitig den Überblick über ihr Bild bewahren. Deswegen sollte man ihnen die Gelegenheit zu einem Entwurf geben, indem die Kinder auf einem Blatt Papier in der ungefähren Größe des Brettchens ihre gesammelten Gegenstände aufteilen. Von dort aus übertragen sie ihre Objekte Stück für Stück auf die mit Gips beschichtete Platte. Das fördert die Aufmerksamkeit, Wahrnehmung und das Umsetzungsvermögen der Kinder: links oben oder rechts unten in der Ecke usw. Schon bei dem Anfertigen eines zweiten Gipsbildes ist die gesammelte Erfahrung bei der Gestaltung zu erkennen.

Sind alle Gegenstände eingearbeitet, lässt man das Relief trocknen.

Kapitel 2 | Die gestalterische Aufgabe

Abb. 113: Etwas Hilfe bei dem schnell trocknenden Gips

Ist das Gipsbild trocken, kann mit der farbigen Gestaltung begonnen werden. Mit Deck- oder Abtönfarben können sich die Kinder ihre Farben auf Tellern oder Paletten selbst mischen und ihre Bilder beliebig mit Pinsel oder Spachteln bemalen. Es ist jedoch auch reizvoll, ein Gipsbild ohne Bemalung zu belassen; das entscheiden die Kinder selbst. Zwischen der Trockenzeit und der farbigen Gestaltung kann auch einige Zeit liegen, sodass sich die Kinder ihre Bilder immer wieder ansehen können, um eine Vollendung ihres Bildes in Ruhe zu überlegen.

Sollte ein Teil des Gipses abfallen, ist er leicht mit Klebstoff wieder anzubringen.

Tipp
Der Gips selbst kann auch beim Anrühren mit Abtönfarbe eingefärbt werden.

Material – das wird benötigt
- Gips (z. B. aus dem Baumarkt)
- Wasser
- alte Schüsselchen (ideal sind die kleinen schwarzen Gummischüsselchen)
- Holzplatten oder Holzbrettchen als Basis
- verschiedenste kleine Gegenstände: aus der Natur oder auch Abfallprodukte wie Kronkorken, Deckel, Bänder u. Ä.
- Deckfarben zum Bemalen

Anregungen – das kann Kinder aktivieren
Ein Spaziergang, bei dem aufmerksam nach interessanten Dingen Ausschau gehalten wird. (Hier heitert ein Hinweis auf Pippi Langstrumpf die Kinder besonders auf: Pippi und ihre Freunde Tom und Annika werden zu „Sachensuchern". *Pippi Langstrumpf*, erster Band, im Kapitel *Pippi wird Sachensucher und gerät in eine Prügelei*; s. Literaturliste).

Lieblingsgegenstände von zu Hause (das kann eine Murmel sein, Perlen, eine Haarspange, Knöpfe, Garnrollen usw.).

Das Durchsuchen einer Kruschpel-Schublade wie man sie in manchen Küchen, Kellern, Werkzeugkästen usw. finden kann.

Das Aufräumen eines Raumes im Kindergarten, mitsamt Aufbewahrungskästen usw.

Ein Besuch auf dem Dachboden oder Keller der Großeltern.

Abb. 114: Ein „Sammelrelief"

Bezug zur Kunst

Zum Einstieg in die Gipstechnik eignen sich als Anregung die Gipsbilder von Niki de Saint Phalle: die Malerin und Bildhauerin (bekannt geworden durch ihre „Nana"-Figuren) hatte alle nur erdenklichen Gegenstände in ihre Gipsbilder eingearbeitet. Sie hatte auch Farbbeutel an ihren Bildern befestigt und mit einem Luftgewehr auf diese geschossen, sodass die Farbe der zerplatzenden Beutel sich zufallsbedingt auf dem Relief verteilte. Diese Methode lässt sich mit den Kindern nachempfinden, indem mit Wasser verdünnte Abtönfarbe in Wasserpistolen gefüllt wird, mit denen die Kinder auf ihre Bilder spritzen.

Abb. 115: Mit dem Spritztier Farbe auftragen

Was die Gipsbilder den Kindern unter anderem vermitteln können, ist die Ansicht, dass ein Bild nicht im üblichen Sinne schön sein muss, um etwas auszudrücken. Aus alten, gebrauchten, kaputten Gegenständen, die eine Geschichte erzählen, lässt sich meist etwas Interessantes gestalten. Außerdem ist die Bedeutung der Bild- oder Figurenentstehung sowie die Freude am Prozess an sich auch den Kunstwerken großer Künstler anzusehen.

Abb. 116: Anschauungsmaterial zu Niki de Saint Phalle

3
Literatur

Kapitel 3 | Literatur

Battut, E., Mahringer, M.: Der kleine Klecks. Bohem press. Zürich, 2002.

Bauer, J.: Die Königin der Farben. Beltz & Gelberg. Weinheim/Basel, 2005.

Beek, A. von der: Pampers, Pinsel und Pigmente. Ästhetische Bildung von Kindern unter drei Jahren. Verlag das Netz. Berlin, 2007.

Björg, C., Andersson, L.: Linnea im Garten des Malers. Bertelsmann. Gütersloh, 2002.

Blazejovsky, M., Esche, N.: Himmelblau, Sonnengelb und Rosenrot. CD: Lieder, Gedichte und Geschichten von Farben. Patmos Verlag. Düsseldorf, 2002.

Bletton, M.: Kinderspiel von Pieter Bruegel. Dumont Verlag. Köln, 2006.

Boddin, H.: Das Buntbuch. Verlag Sankt Michaelisbund. München, 2005.

Bostelmann, A., Mattschull, H.: Bananenblau und Himbeergrün. Geschichten aus dem Kinderatelier. Reihe: 100 Welten entdeckt das Kind. Beltz Verlag. Weinheim/Basel/Berlin, 2003.

Carle, E.: Hallo roter Fuchs. Gerstenberg Verlag. Hildesheim, 1998.

Dumont Verlag: Kinder sehen dich an. Dumont Verlag. Köln, 2004.

Eucker, J. (Hrsg.): Kunstlexikon. Daten, Fakten und Zusammenhänge. Cornelsen Scriptor. Berlin, 1998.

Genechten, K. van: Kleiner weißer Fisch. Bloomsbury. Berlin, 2007.

Gier, R.: Die Bildsprache der ersten Jahre verstehen. Kösel Verlag. München, 2004.

Haas, S.: Auf den Spuren kindlicher Verhaltensmuster. Über den Zusammenhang von Körperwahrnehmung, physikalischen Grunderfahrungen und künstlerischem Ausdruck. Verlag das Netz, Berlin, 2006.

Harcourt, Claire d'.: Ich sehe was, was du nicht siehst. Dumont Verlag. Köln, 2004.

Harcourt, Claire d'.: Schau genau. Dumont Verlag. Köln, 2004.

Heine, H.: Na warte, sagte Schwarte. Beltz & Gelberg. Weinheim/Basel, 2004.

Heller, E.: Die wahre Geschichte von allen Farben. Für Kinder, die gern malen. Lappan Verlag. Oldenburg, 1994.

Houblon, M.: Das Farben-Bilder-Buch. Patmos. Düsseldorf, 2005.

Jianghong, C.: Han Gan und das Wunderpferd. Moritz Verlag. Frankfurt am Main, 2004.

Kastener, C., Springer, C.: Das Erdbeerheft. Verlag das Netz. Berlin, 2007.

Kathke, P.: Sinn und Eigensinn des Materials, Band 1 und Band 2. Projekte, Anregungen, Aktionen. Beltz Verlag. Weinheim, 2003.

Kunst-Stickerbuch (Joan Miró, Pablo Picasso, Henri Matisse, Giuseppe Arcimboldo, Wassily Kandinsky, Paul Klee, Gustav Klimt, Andy Warhol). Prestel Verlag. München, 2007/2008.

Laube, S., Blazejovsky, M.: Mia malt. Jungbrunnen. München, Wien, 2000.

Lionni, L., Strohbach, G.: Das kleine Blau und das kleine Gelb. Oetinger Verlag. Hamburg, 1962.

Platte, M.: Kinder sehen dich an: Die schönsten Kinderbilder von Tizian bis Picasso. Dumont Verlag. Köln, 2004

Pertler, C.: Kinder erleben große Maler. Auf den Spuren von Monet, Renoir und anderen. (Mit CD-ROM) Don Bosco. München, 2006.

Philipps, K.: Warum das Huhn vier Beine hat. Das Geheimnis der kindlichen Bildsprache. Toeche-Mittler Verlag. Darmstadt, 2008.

Richter, Ch.: Jeder ist ein Künstler. 30 Wege dorthin. Prestel Verlag. München, 2008.

Sargun, I., Brausem, M.: Kinder, Ton & Kreativität. Gestaltungsideen für das ganze Jahr. Don Bosco. München, 2006.

Seitz, M. U. R.: Rot, Gelb, Blau und alle Farben. Grundlagen und Spielideen für die pädagogische Praxis. Don Bosco Verlag. München, 1998.

Seitz, R.: Vom Blau, das teilen lernte. Kallmeyersche Verlagsbuchhandlung. Velber, 2002.

Stamer-Brandt, P.: Projektarbeit in KiTa und Kindergarten. Entwickeln – durchführen – dokumentieren. Freiburg. Herder Verlag, 2006.

Stieff, B.: Träume ernten – Hundertwasser für Kinder: Träume ernten im Reich des Maler-Königs, Prestel Verlag. München, 2007.

Studer, C.: Kinderwerkstatt Malen. Mit Kindern auf dem Weg der eigenen Bilder. AT Verlag. Baden/München, 2003.

Valat, P. – M.U.A.: Die Farbe. Reihe: Die kleine Kinderbibliothek. Meyers Lexikonverlag. Mannheim, 1991.

Van de Loo, O. (Hrsg.): Kinder – Kunst – Werk. Künstlerisches Arbeiten mit Kindern und Jugendlichen. Kösel Verlag. München, 2005.

Walter, G.: Feuer. Die Elemente im Kindergartenalltag. Herder Verlag. Freiburg, 2008.

Walter, G.: Wasser. Die Elemente im Kindergartenalltag. Herder Verlag. Freiburg, 2008.

Kapitel 4 | Anhang

4
Anhang

Kapitel 4 I Anhang

4.1 Kopiervorlage „Anziehpuppe Mädchen"

4.2 Kopiervorlage „Anziehpuppe Junge"

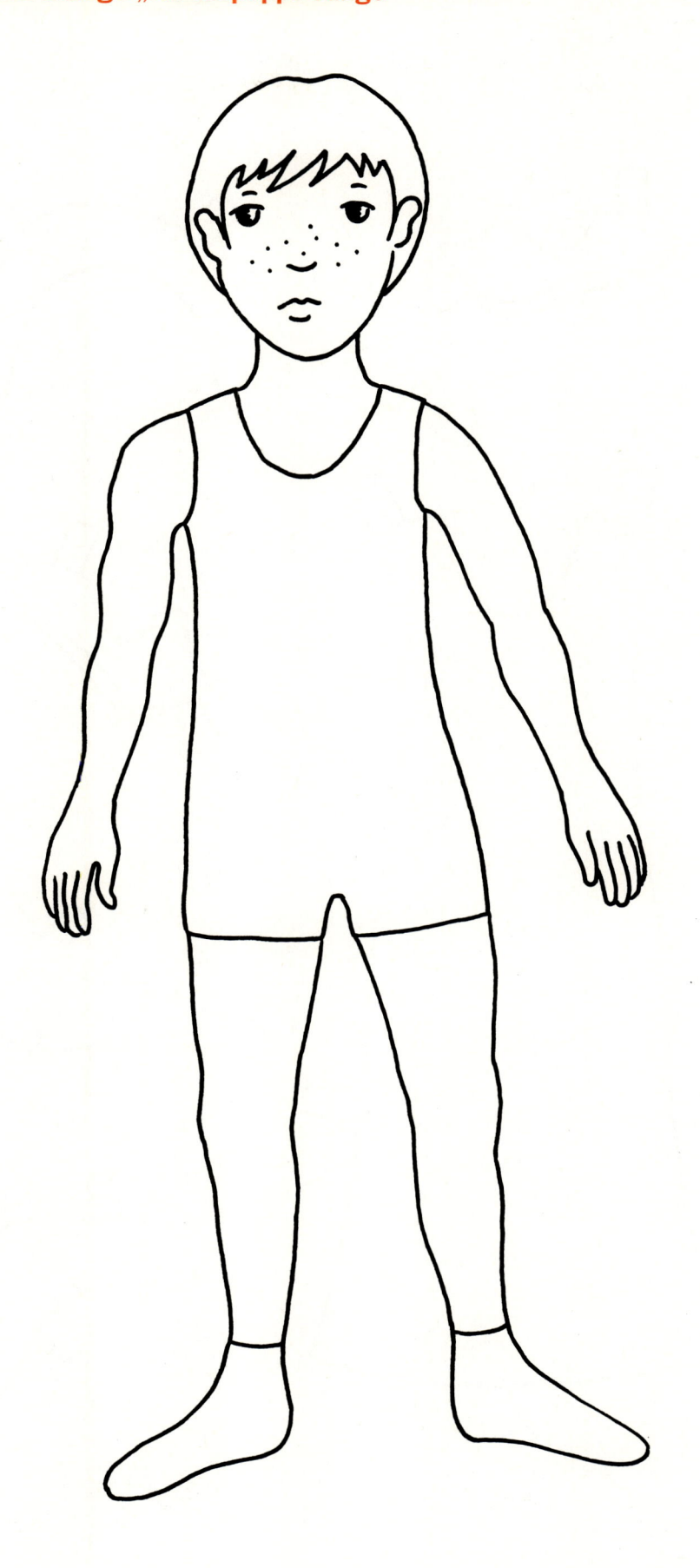

Kapitel 4 | Anhang

Kapitel 4 I Anhang

4.3 Kopiervorlage „Kleidung für die Anziehpuppen"

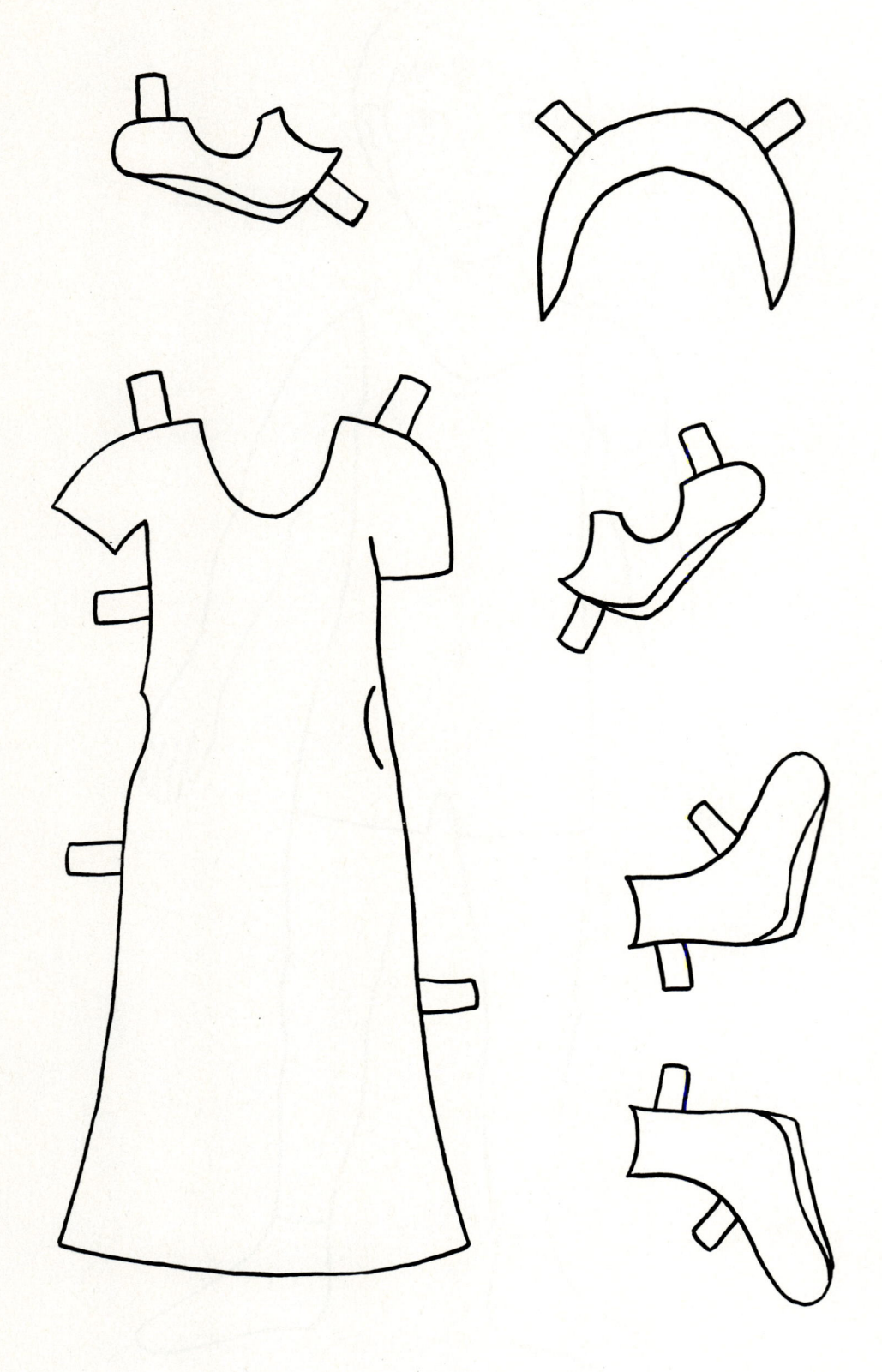

4.3 Kopiervorlage „Kleidung für die Anziehpuppen"

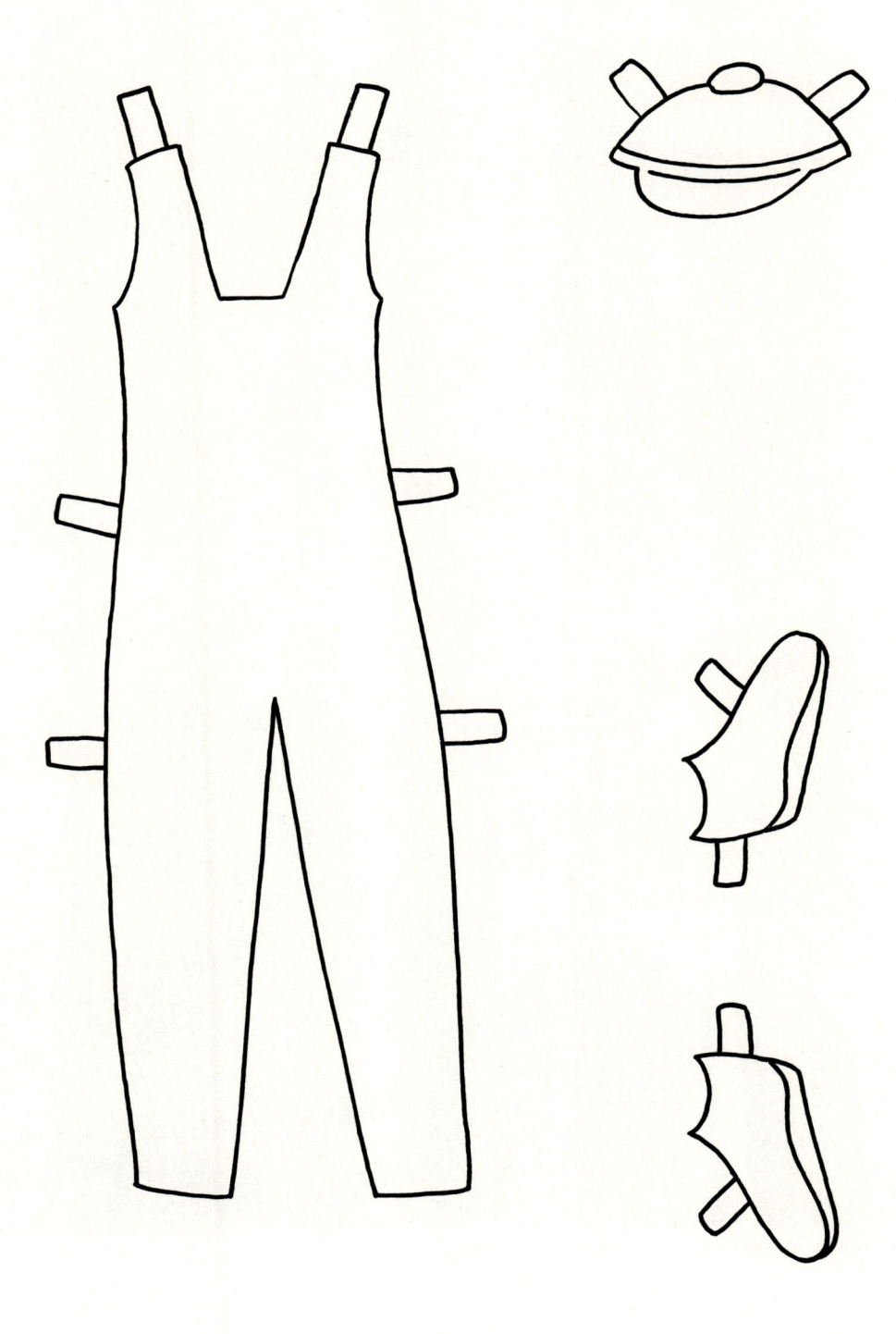

Kapitel 4 I Anhang

4.4 Antikes Mosaikbild

Kaiserin Theodora, Mosaik, um 547, Ravenna

4.5 Der Farbkreis nach Johannes Itten (1888–1967)

4.6 Kopiervorlage „Farbpalette für eigene Mischergebnisse"

Schwarz				
Weiß				
Gelb				
Blau				
Rot				
Farbpalette	Rot	Blau	Weiß	Schwarz

4.7 Radierung und Gemälde von Albrecht Dürer (1471–1528)

Junger Feldhase, 1502, Wasserfarben, mit Deckfarben gehöht

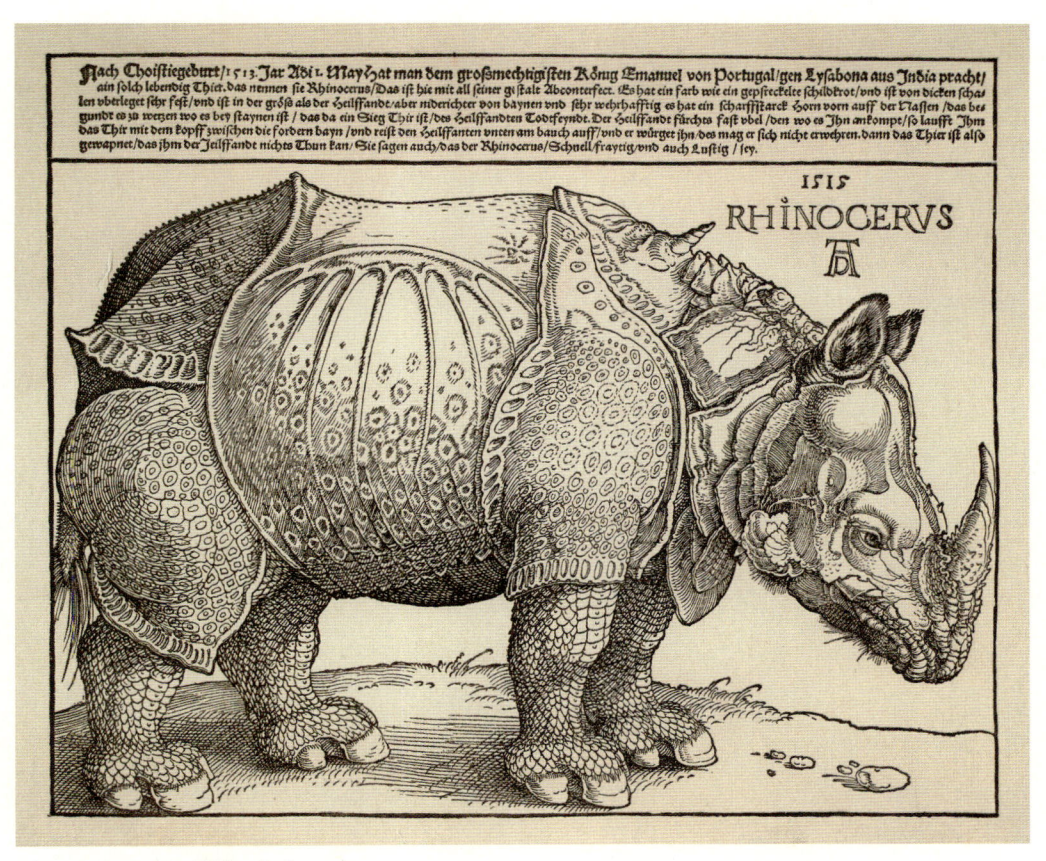

Rhinozeros, 1515, Holzschnitt

4.8 Arbeitsaufträge für die Kinder

Phantasieblume:

Zeichne die Phantasieblume weiter.

Höhlen:

Wie leben die Tiere in den Höhlen?

Gehege:

Welches Tier lebt in diesem Gehege?

Zirkus:

Worüber staunen die Zirkuszuschauer?

Fest:

Wer feiert hier ein Fest?

Unter Wasser:

Was ist unter Wasser alles los?

Wal:

Was hat der Wal alles verschluckt?

Wald:

Im Wald ist es Nacht. Wer schläft, wer wacht?

Phantasieblume

Kapitel 4 I Anhang

Höhlen

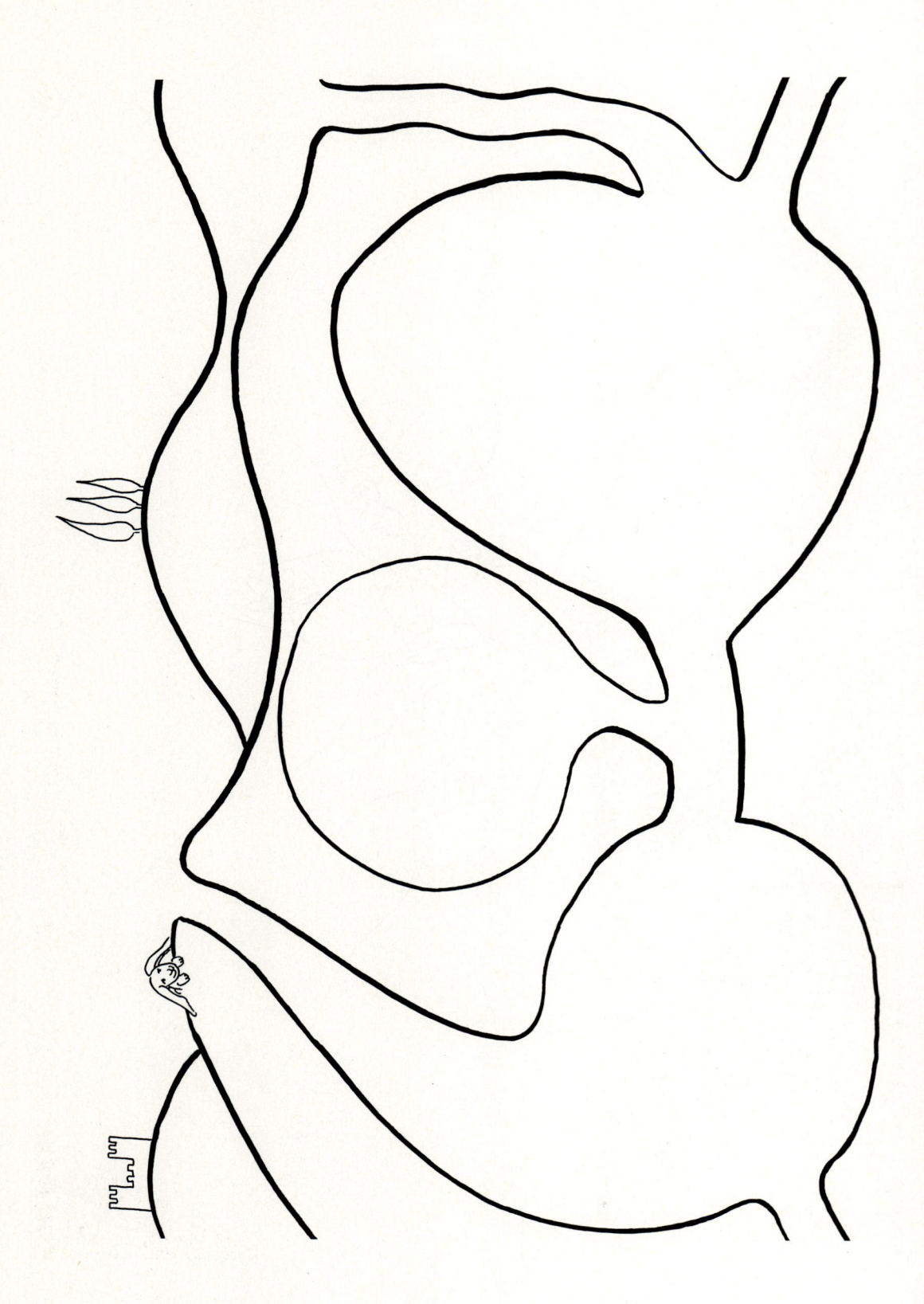

132

Gehege

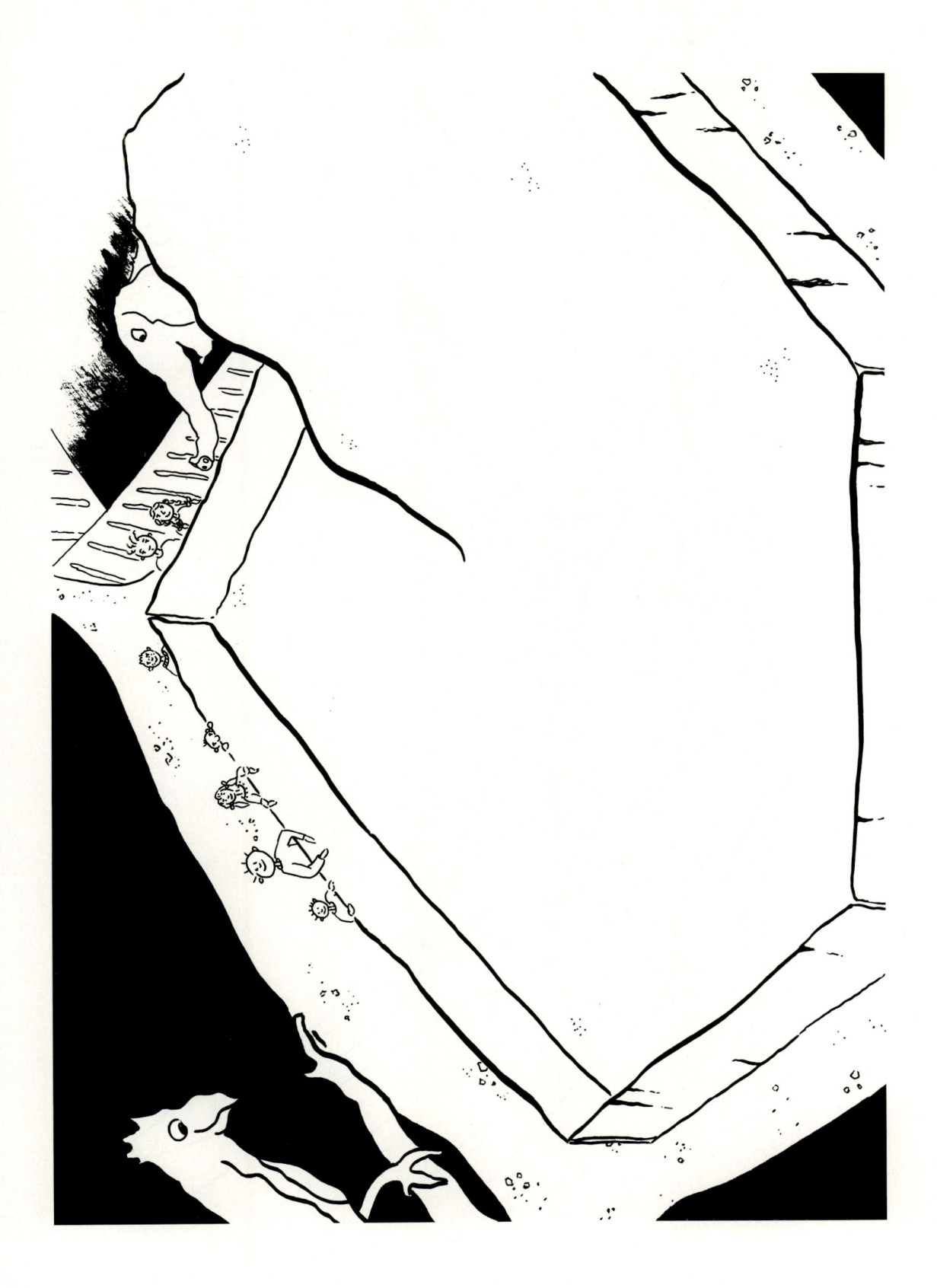

Kapitel 4 I Anhang

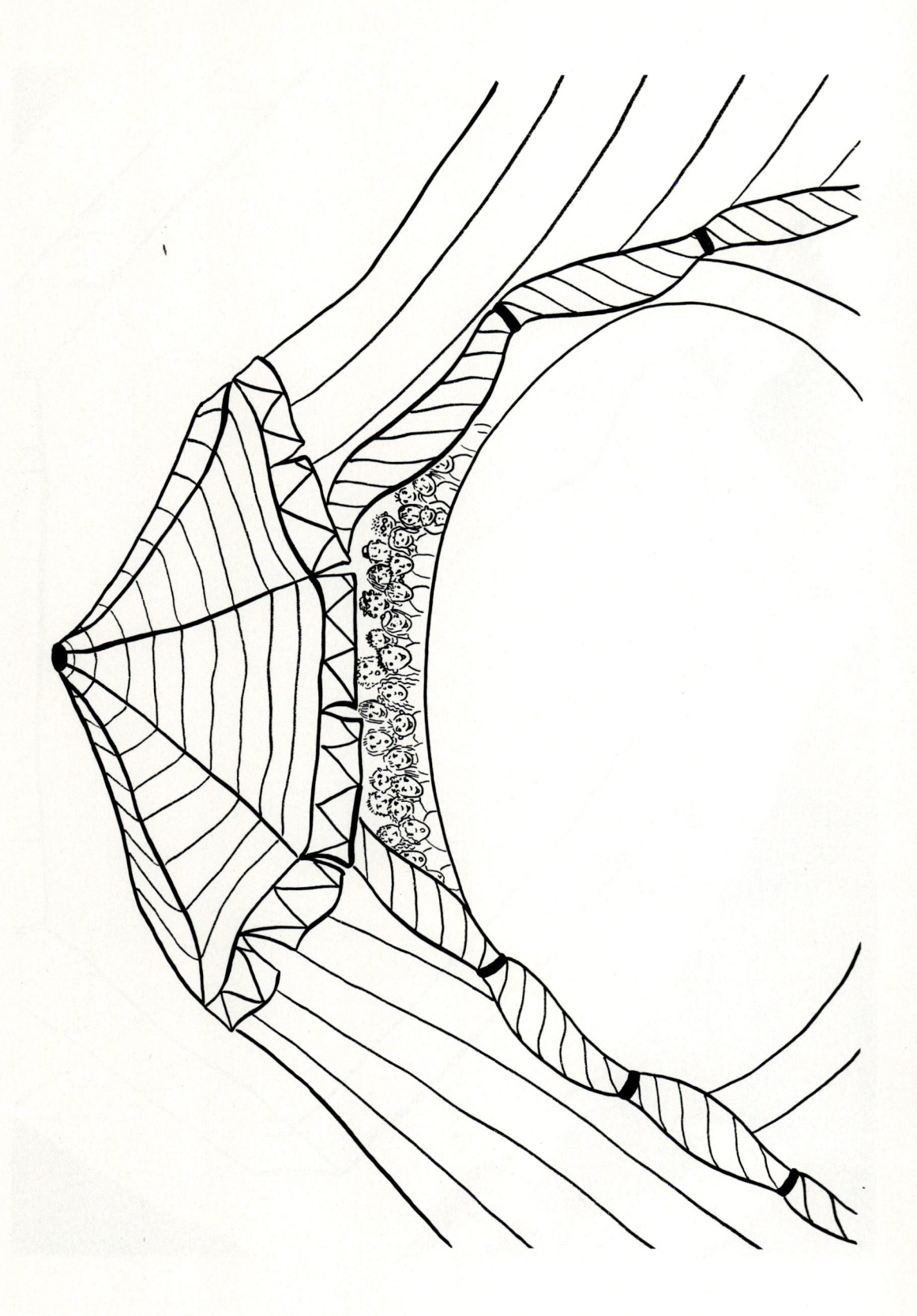

Zirkus

Zirkus

Fest

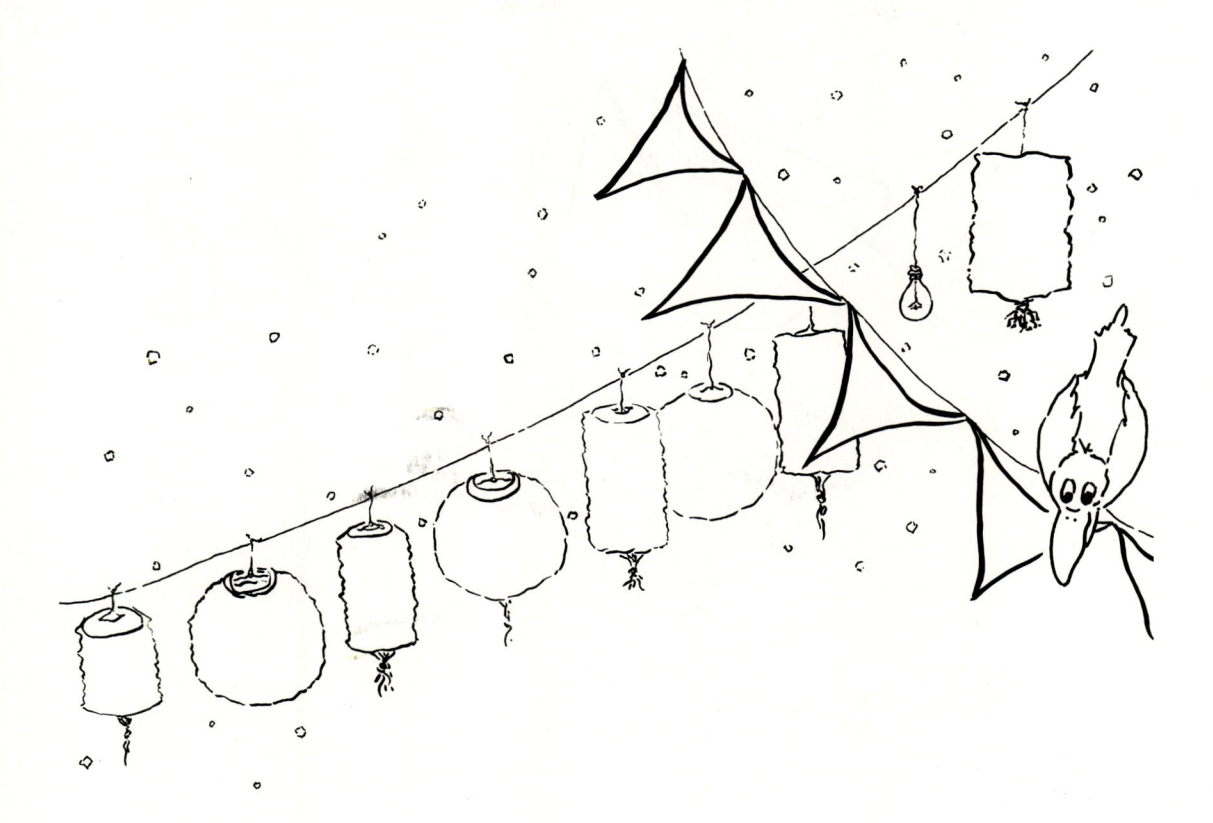

Unter Wasser

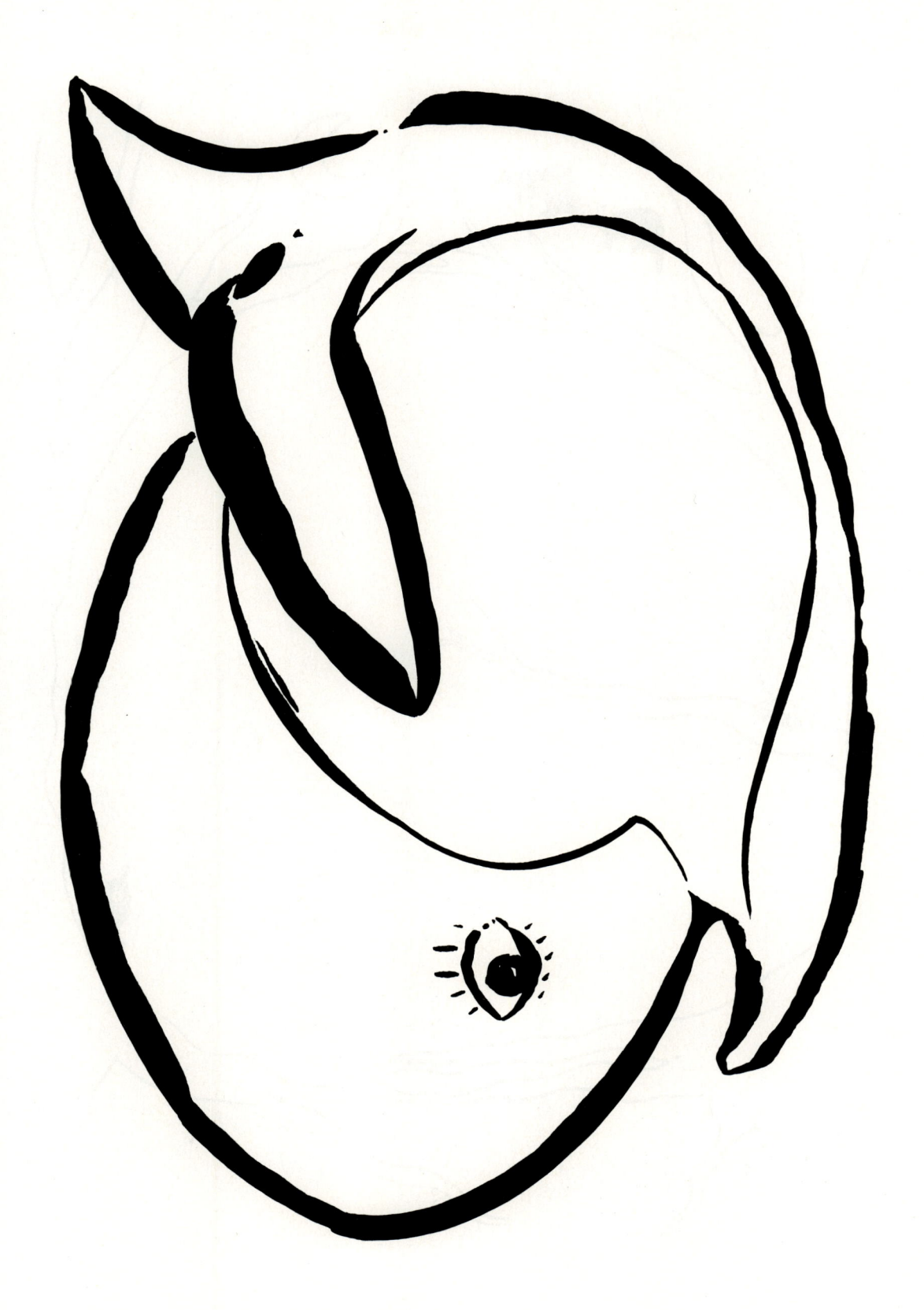

Wal

Kapitel 4 | Anhang

Wald

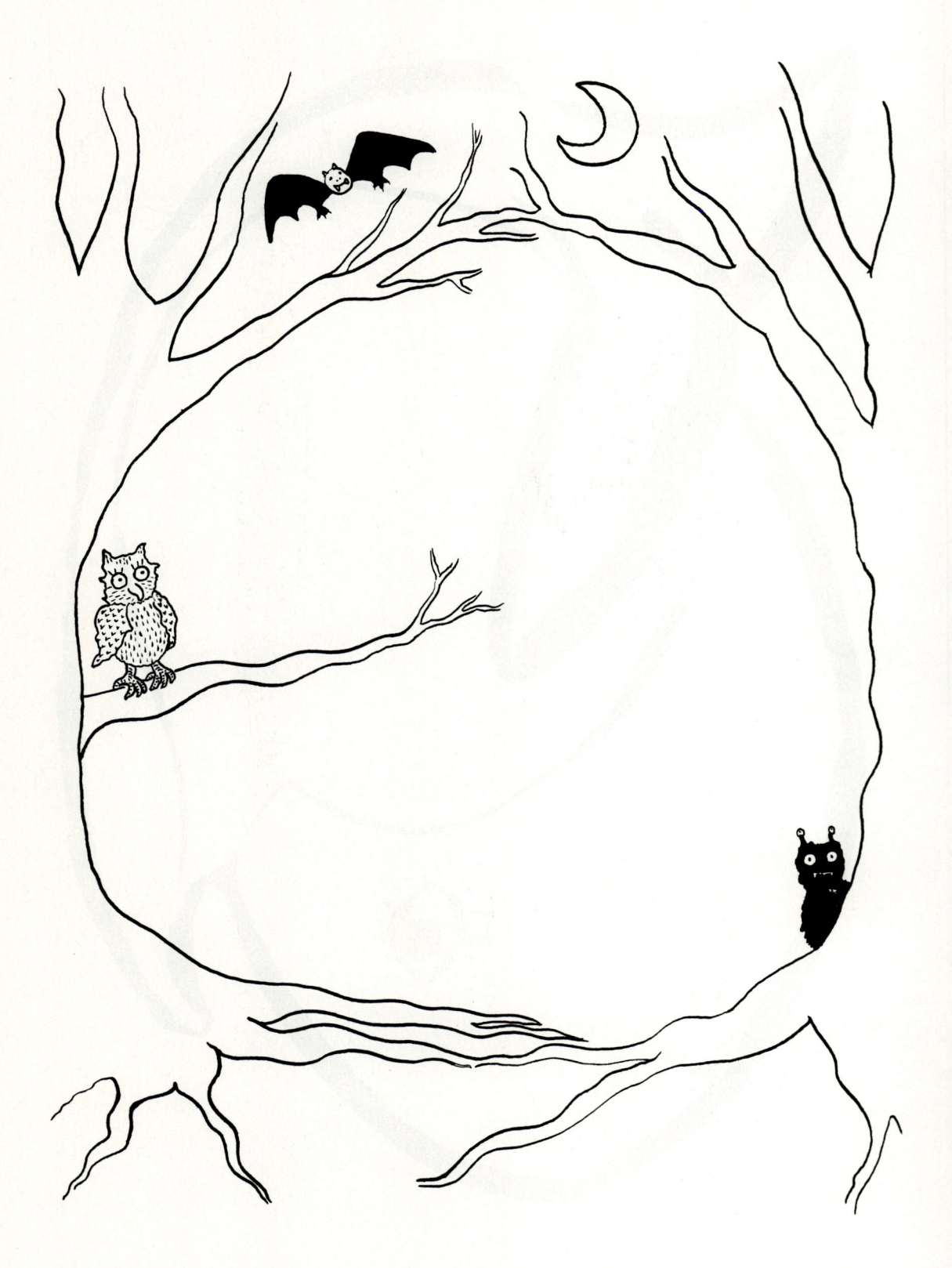